Lercher | Iser

Spargel | Gesunder Genuss

Dr. med. Piero Lercher
Dietrich Iser

Spargel

Gesunder Genuss

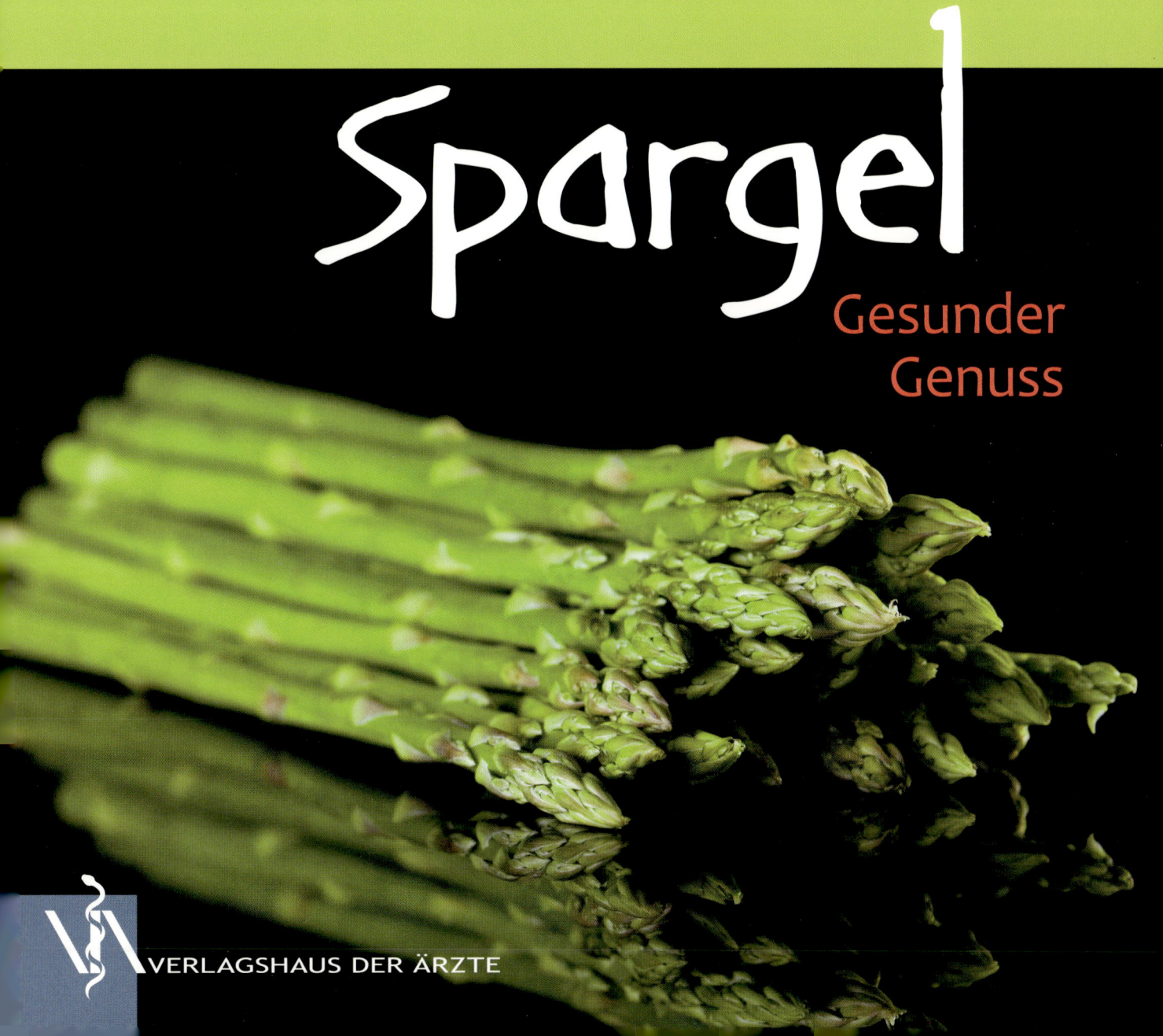

VERLAGSHAUS DER ÄRZTE

Impressum

1. Auflage 2013

ISBN 978-3-99052-008-6

Umschlag & Satz: Grafikbüro Lisa Hahsler, 2232 Deutsch-Wagram
Umschlagfoto: Bildagentur Waldhäusl, 3340 Waidhofen a.d. Ybbs
Projektbetreuung: Hagen Schaub
Druck & Bindung: Universitätsdruckerei Klampfer, 8181 St. Ruprecht a. d. Raab

Printed in Austria

Sämtliche Angaben in diesem Buch erfolgen trotz sorgfältiger Bearbeitung und Kontrolle ohne Gewähr. Insbesondere Angaben über Rezepturen, Dosierungsanweisungen und Applikationsformen müssen vom jeweiligen Anwender im Einzelfall anhand anderer Literaturstellen auf ihre Richtigkeit überprüft werden. Das gilt im Besonderen für selten angewandte Präparate. Eine Haftung der Autoren oder des Verlages aus dem Inhalt dieses Werkes ist ausgeschlossen.

Aus Gründen der leichteren Lesbarkeit – vor allem in Hinblick auf die Vermeidung einer ausufernden Verwendung von Pronomen – haben wir uns dazu entschlossen, alle geschlechtsbezogenen Wörter nur in eingeschlechtlicher Form – der deutschen Sprache gemäß zumeist die männliche – zu verwenden. Selbstredend gelten alle Bezeichnungen gleichwertig für Frauen.

Vorwort

Wie kommt es dazu, dass ein Arzt und ein Landwirt ein gemeinsames Spargelbuch verfassen?

Die Beantwortung der Frage ist gar nicht so schwer, wenn man verstanden hat, dass ein Zusammenhang zwischen Lebensqualität, Genuss und Gesundheit besteht. Doch es sind nicht nur diese Motive, die die beiden Berufsgruppen vereinen. Hier haben zwei Menschen ein Projekt realisiert, die als gesundheitsbewusste Feinschmecker ihren Auftrag sehen, diese Philosophie den Mitmenschen zu vermitteln und der Nachwelt zu erhalten. Quasi als Gegenpol zu einer immer hektischer und oberflächlicher werdenden Alltagswelt, in der zunehmend die Quantität auf Kosten der Qualität im Vordergrund steht, wird auf bemerkenswerte Art und Weise beleuchtet, dass es noch wahre Werte gibt.

Der Spargel mag hier als Metapher dienen – seine Produktion ist auch heute noch sehr aufwändig. Jede einzelne Spargelstange muss nach wie vor von Hand geerntet – im Fachjargon heißt das „gestochen" – werden. Es sind eindrucksvolle Bilder, die man sieht, wenn die Spargelfelder zur Erntezeit mit vielen fleißigen Personen bevölkert werden. Es wird gleichsam die archaische Lebensweise des Jägers und Sammlers in die Jetztzeit übertragen beziehungsweise nach wie vor praktiziert.

Bei der kulinarischen Interaktion des Spargels geht es vordergründig nicht nur darum, dass man ein qualitativ hochwertiges Nahrungsmittel zu sich nimmt, sondern auch, dass man eine Esskultur pflegt und zelebriert. Die Art und Weise der Nahrungsaufnahme ist ja sehr eng mit diversen Effekten verknüpft, die sich auf die Gesundheit und Lebensqualität auswirken. Eine Pflege der Spargelkultur erzeugt letztendlich nicht nur Wohlbefinden, sondern schmeckt auch gut und vergnügt.

Im vorliegenden Buch präsentieren wir Neuigkeiten, faszinierende Fakten und interessante Aspekte zum Thema Spargel. Die verschiedenen Themenbereiche werden mit eindrucksvollen Fotografien und Illustrationen „garniert", und so manches Geheimnis der Spargelzucht wird preisgegeben. Abgerundet wird die Reise in die Welt des Spargels mit modernen und historischen Rezepten, die auch zu Hause leicht nachgekocht werden können. – Doch Spargel ist auch ein handverlesenes, ehrliches Produkt, in dem viele medizinische Geheimnisse schlummern.

Wir wünschen Ihnen viel Spaß beim Lesen, viel Motivation und gutes Gelingen beim Eintauchen in die Welt der Spargelkultur, die letztendlich Ihren Lebensstil und Ihre Lebensqualität nachhaltig bereichern soll.

Herzlichst!

Piero Lercher & Dietrich Iser

Inhalt

Botanisches zum Spargel

Botanisches zum Spargel

Spargel ist eine perennierende (frostbeständige) Pflanze, die als Staude wächst und ungefähr 20 Jahre lang gedeihen kann. In unseren Breitengraden blüht die Spargelpflanze im Juni und Juli. Die gelblichen Blüten sind ohne Kelch und sitzen einzeln auf fadenförmigen Stielen. Daraus bilden sich anfangs grüne und im Herbst scharlachrot werdende Beeren, in denen zwei bis drei schwarze Samenkörner liegen.

Almindelig asparges	هبوچرام	Asparágus lekársky
Spergill	Aciot	芦笋
Asparago comune	Gemüse-Spargel	موكس
Közönséges spárga	Asperge officinale	Asparges
アスパラガス	Espárrago	Asperge
סוגרפסא	Aspargo	Harilik aspar
Asparagus	Beluš navadni	Спáржа лекáрственная
Parsa	Asparago	Σπαράγγι
Espargo	Sparris	
Chřest lékařský	Szparag lekarski	

Der Spargel ist weltweit beliebt. Hier einige landessprachliche Bezeichnungen.

Botanische Systematik des Spargels	
Reich:	Pflanzen (*plantae*)
Abteilung:	Gefäßpflanzen (*tracheophyta*)
Unterabteilung :	Samenpflanzen (*spermatophytina*)
Klasse:	Bedecktsamer (*magnoliopsida*)
Gruppe:	Einkeimblättrige (*Monokotyledonen*)
Ordnung:	Spargelartige (*Asparagales*)
Familie:	Spargelgewächse (*Asparagaceae*)
Gattung:	Gemeiner Spargel (*Asparagus*)
Art:	Gemüsespargel (*Asparagus officinalis Linné*)

Spargeldarstellung im Hortus Eystettensis des Basilius Besler aus dem Jahr 1613

Spargel bevorzugt als Standort sandhaltige, warme, lehmhaltige Böden, Weinberge oder Dämme. Das Verbreitungsgebiet erstreckt sich mittlerweile nahezu weltweit.

Die Familie der Spargelgewächse (*Asparagaceae*) umfasst weltweit zirka 200 Arten. Je nach Systematik und Unterteilung in Unterarten wird auch von bis zu 300 Arten gesprochen. Allein im Mittelmeerraum sind mehr als 100 Arten verbreitet. Die am häufigsten kultivierte Spezies heißt *Asparagus officinalis Linné*, gemeinhin als „Speisespargel" bekannt. Seine Wildform, der sogenannte Wildspargel (*Asparagus acutifolius*), wird in manchen Gegenden (z.B. Istrien, Polen oder Sardinien) nach wie vor als köstliche Spezialität geschätzt. Nicht jede Spargelart ist jedoch als Gemüse verwendbar.

Spargelarten

An der Universität Melbourne in Australien wurde eine Datenbank eingerichtet, in der eine umfassende Auflistung und Unterteilung der einzelnen Spargelarten und ihrer natürlichen Verbreitungsgebiete zu finden ist. Die „Multilingual Multiscript Plant Name Database" bietet auch weiterführende Informationen von A bis Z, also vom *Asparagus acerosus* bis zum *Aspa-*

Link:
http://www.plantnames.unimelb.edu.au/Sorting/Asparagus.html

Wurzelstock des Spargels

ragus volubilis, an. Äußerst interessant und hilfreich ist auch die Bezeichnung der Spargelarten in gängigen und seltenen Sprachen dieser Welt. So erfährt man beispielsweise, wie die jeweilige Spargelart auf Sanskrit, Hindi, Telugu oder Urdu genannt wird.

Eine Präsentation aller Spargelarten würde überdies das Platzangebot in diesem Buch sprengen, weshalb hier explizit auf diesen Link der Universität Melbourne verwiesen wird. Ein weiterer Vorteil ist, dass elektronische Datenbanken leichter aktualisiert werden können als bereits gedruckte Werke …

Aufbau der Spargelpflanze

Wurzelstock

Spargel besitzt ein holziges, dickes Wurzelgeflecht (Rhizom), das aus mehreren Sprossgenerationen besteht. Wenn es im Herbst kalt wird, verfärben sich die oberirdischen Pflanzenteile braun und sterben ab. Die Spargelwurzel speichert alle Nährstoffe und überwintert in der Erde. Die kleinen und weiß gefärbten Wurzeln an der Unterseite des Rhizoms dienen der Wasser- und Nährstoffaufnahme (siehe Abbildung).

An der Oberseite des Wurzelstockes bilden sich, durch die Erde geschützt, neben abgestorbenen Stängelresten zahlreiche Knospen, aus denen sich unter Wärmeeinfluss im Frühjahr neue fingerdicke und mit Blattschuppen bedeckte Sprossen (Spargelstangen) entwickeln. Die austreibenden Sprossen der Spargelpflanze sind das, was man gemeinhin als das Spargelgemüse bezeichnet.

Sprosse (Spargelstangen)

Beträgt die Bodentemperatur mehr als 12° Celsius, beginnen aus den Wurzelstöcken mehrere weiße Triebe in Richtung Erdoberfläche zu wachsen. Je wärmer das Klima ist, umso schneller erfolgt das Wachstum. Je nach Anbauart wird durch Erddämme geschützt Bleichspargel (weißer Spargel) kultiviert oder Grünspargel, der dem Sonnenlicht ausgesetzt ist.

Nach der Erntephase lässt man die verbliebenen Sprossen zu Stängeln mit Verästelungen austreiben. Diese Triebe bilden ganz schmale, nadelförmige Flachsprossen oder Phyllokladien, die oft fälschlicherweise als Blätter bezeichnet werden (siehe Abbildung).

Phyllokladien werden auch Scheinblätter genannt. Sie sehen zwar aus wie feine Nadeln, sind jedoch nicht so hart und stachelig.

Eine Spargelpflanze kann unter optimalen Bedingungen bis zu zwei Meter hoch werden.

Blüte

Die Blütezeit des Spargels ist in unseren Breiten von Mitte Mai bis Ende Juli. Diese kann sich jedoch durch das Abstechen der Triebe um zirka ein bis zwei Monate verzögern. Spargel ist zweihäusig, das heißt, er besitzt männliche oder weibliche Blüten. Die männlichen Blüten besitzen sechs Staubblätter und einen unfruchtbaren Fruchtknoten, die weiblichen einen dreifächerigen Fruchtknoten mit maximal sechs Samenanlagen und sechs verkümmerten Staubblättern.

Weiße Wurzeln des Spargels

Neue Spargelsprosse

Phyllokladien (Scheinblätter) des Spargels

Spargelblüte

Spargelbeeren

Die Blüten sind weiß bis grünlich-gelb und sechs bis sieben Millimeter lang. Nach dem Abblühen entwickeln sich runde, erbsengroße Beeren (Durchmesser ca. sechs bis acht Millimeter), die zuerst grün sind und sich im Spätsommer purpurrot verfärben. Die Beeren enthalten drei bis fünf schwarze Samenkörner und sind nicht für den Verzehr geeignet. Im Kräuterbuch von Adam Lonitzer (1528–1586) aus dem Jahre 1557 werden die Beeren auch als Teufelstrauben bezeichnet. In alten Schriften werden allerdings sowohl Beeren als auch Samen als Heilmittel angepriesen. Der Apotheker Theodor Wilhelm Christian Martius (1796–1863) beschreibt in seinem *Grundriss der Pharmakognosie* aus dem Jahr 1832, dass die Beeren einen guten Weingeist liefern.

Der Geschlechtsdimorphismus der Spargelpflanze zeigt sich auch darin, dass männliche Spargelpflanzen in ihrem Habitus meist etwas gedrungener und dichter erscheinen als weibliche. Aus pflanzenzuchttechnischen Gründen werden männliche Pflanzen bevorzugt, da sie weniger Beeren ausbilden und dadurch mehr Nährstoffe in den Wurzelstöcken einlagern. Dadurch werden die Wurzeln größer und bilden mehr Knospen. Dies bedeutet wiederum mehr Sprossen und somit einen höheren Ertrag. Weibliche Pflanzen stecken mehr Energie in die Beeren und Saatgutbildung. Männliche Hybriden besitzen auch ein größeres Ertragspotential, weil sie früher austreiben.

Beim Spargel gibt aber auch Zwitterpflanzen, die beide Anlagen besitzen und in optimaler Ausprägung als begehrenswerte Zuchtobjekte dienen.

Die Geschichte des Spargels

Die Geschichte des Spargels

Ein Großteil der abendländischen Spargelliteratur vermutet den Ursprung des Spargels im vorderasiatischen Raum, von wo er in weiterer Folge nach Mitteleuropa und Nordafrika gelangt sein soll. Eine umfassende Literatursuche und Recherche zeigt jedoch, dass Spargel auch im alten China, in Indien oder bei den Indianern in Nord- und Südamerika bekannt war. Selbst den Aborigines in Australien sind Heilanwendungen mit Spargelwurzeln bekannt. Es muss allerdings betont werden, dass es sich hier nicht immer um dieselbe Spargelart handelt.

Es kristallisiert sich heraus, dass der Spargel lange Zeit nicht nur wegen seines Wohlgeschmacks, sondern vorwiegend aufgrund der ihm zugesprochenen Heilwirkung verzehrt wurde. Der große Artenreichtum des Spargels ist ein Indiz, dass Spargel schon immer sehr weit verbreitet war und mittlerweile weltweit verbreitet ist.

Namensursprung

Hinsichtlich des Namensursprungs findet man unterschiedliche Theorien und Interpretationen. So soll der Name vom altpersischen Wort *spareya* (= Spross) beziehungsweise griechischen Wort σπαργάω (spargáo) abstammen, was so viel wie *„ich sprosse“* bedeutet. Manche Sprachwissenschafter vermuten, dass der Name latinisiert wurde, andere wiederum leiten den Namen direkt vom Lateinischen ab und übersetzen *asparagus* als *„der nicht Gesäte“*.

Unsere Recherchen haben ergeben, dass es in der Antike einen bedeutenden Ort namens Asparagium gegeben hat. Dieser Ort lag in der Nähe von Dyrrhachium, dem heutigen Durres in Albanien. Dyrrhachium wurde im 7. Jahrhundert v. Chr. von den Griechen gegründet und spielte bei den Römern und später bei den Byzantinern eine strategisch wichtige Rolle. Die Lage am Meer war ideal, und es war dort auch der Anfangspunkt der Via Egnatia, einer Handelsstraße, die über das Landesinnere der Balkanhalbinsel nach Konstantinopel führte und auch eine Verbindung mit der Via Appia nach Rom hatte. Es ist also durchaus auch möglich, dass der Namensursprung des Spargels im Zusammenhang mit diesem bedeutenden Handelsumschlagplatz steht.

Herkunft

Seit wann der Spargel als kulinarischer und medizinischer Wegbegleiter des Menschen fungiert, wird kontrovers diskutiert. Unsere Recherchen haben ergeben, dass in naturwissenschaftlichen und archäologischen Fachzeitschriften Arbeiten publiziert wurden, die darauf hinweisen, dass Spargel schon seit zirka 20.000 Jahren als Begleiter des Menschen fungiert. Zu diesem Ergebnis kommen u.a. Radiokarbonmessungen von archäologischen Funden aus dem ägyptischen Wadi Kubbaniya im Niltal. Die Untersuchungen wurden mittels eines speziellen Spektrometers (AMS/tandem accelerator mass spectrometer) an der University of Arizona in Tucson durchgeführt.

Reste des antiken Theaters von Dyrrhachium (Durres)

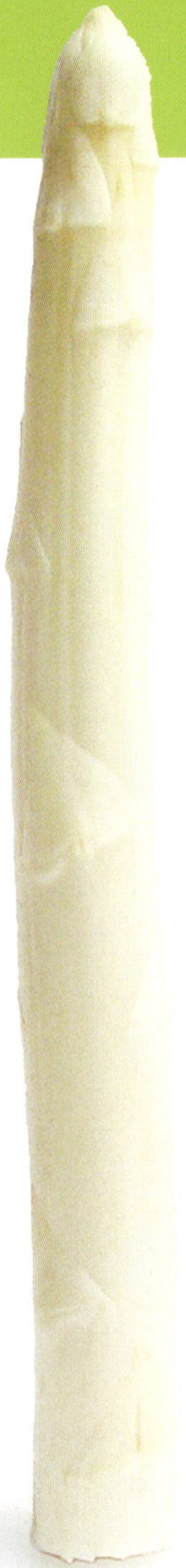

Ob Spargel damals – also in der Steinzeit – als Nahrungs- und/oder Heilmittel diente, kann naturgemäß nicht festgestellt werden. Noch plastischer wird die zeitliche Zuordnung dieser Ergebnisse, wenn man bedenkt, dass der Neandertaler (*Homo neanderthalensis*) vor ca. 25.000 bis 30.000 Jahren ausgestorben ist.

Dies mag auch eine Erklärung für den Nimbus des Spargels sein, der sozusagen von Urzeiten an ein Bestandteil der menschlichen Kultur ist.

Dass Afrika als „Wiege des Spargels“ anzusehen ist, bestätigen auch neueste Untersuchungen mittels DNA-Analyse zur Artdifferenzierung (Chloroplastengenom/cpDNA), die vermuten lassen, dass die Urform des Spargels aus dem südlichen Afrika stammt und sich von dort weltweit verbreitet hat.

Aus Überlieferungen und alten Schriften weiß man, dass die Chinesen schon ca. 4.000 vor Christus den Spargel sowohl als Gemüse als auch als Heilpflanze kannten. Ein frühes Zeugnis der Spargelkultur liefert wahrscheinlich auch die Stufenpyramide von Sakkara in Ägypten, die Grabstätte eines Königs der fünften Dynastie (2.750– 2.625 v.Chr.). Dort ist ein Relief mit Opfergaben abgebildet, auf dem auch ein Bündel zu erkennen ist, das als Bund Spargel oder Bambusstangen interpretiert werden kann.

Schriftliche Aufzeichnungen über Spargel findet man beispielsweise bei Hippokrates (ca. 460–370 v.Chr.), der die harntreibende und stopfende Wirkung der Heilpflanze beschreibt.

Die antiken Kulturen pflegten einen unterschiedlichen Umgang mit der Spargelpflanze. So war diese bei den Griechen in erster Linie als Heilpflanze in Verwendung, während die Römer sie als schmackhafte Delikatesse betrachteten. In kulinarischer Hinsicht fand der Spargel damals insbesondere in Form des grünen Spargels als Nutz- und Kulturpflanze Beachtung. Der Feldherr, Geschichtsschreiber, Schriftsteller und Staatsmann Marcus Porcius Cato Censorius der Ältere (ca. 234–149 v.Chr.) war einer der Ersten, der sich nachgewiesenermaßen mit dem professionellen Spargelanbau befasste. Sein Werk *De Agricultura* gilt zugleich auch als die älteste vollständig erhaltene lateinische Prosaschrift.

Aufgrund der Bedeutung dieses Werkes wird hier der Originaltext über die Spargelzucht präsentiert. Die Übersetzung folgt umseitig.

DE AGRI CULTURA

ASPARAGUS QUO MODO SERATUR. LOCUM SUBIGERE OPORTET BENE, QUI HABEAT UMOREM, AUT LOCUM CRASSUM. UBI ERIT SUBACTUS, AREAS FACITO, UT POSSIS DEXTRA SINISTRAQUE SARIRE RUNCARE, NE CALCETUR. CUM AREAS DEFORMABIS, INTERVALLUM FACITO INTER AREAS SEMIPEDEM LATUM IN OMNES PARTES. DEINDE SERITO, AD LINEAM PALO GRANA BINA AUT TERNA DEMITTITO ET EODEM PALO CAVUM TERRA OPERITO. DEINDE SUPRA AREAS STERCUS SPARGITO BENE. SERITO SECUNDUM AEQUINOCTIUM VERNUM. UBI ERIT NATUM, HERBAS CREBRO PURGATO CAVETO NE ASPARAGUS UNA CUM HERBA VELLATUR. QUO ANNO SEVERIS, SATUM STRAMENTIS PER HIEMEM OPERITO, NE PRAEURATUR. DEINDE PRIMO VERO APERITO, SARITO RUNCATOQUE. POST ANNUM TERTIUM, QUAM SEVERIS, INCENDITO VERE PRIMO. DEINDE NE ANTE SARUERIS, QUAM ASPARAGUS NATUS ERIT, NE IN SARIENDO RADICES LAEDAS. TERTIO AUT QUARTO ANNO ASPARAGUM VELLITO AB RADICE. NAM SI DEFRINGES, STIRPES FIENT ET INTERMORIENTUR. USQUE LICEBIT VELLAS, DONICUM IN SEMEN VIDERIS IRE. SEMEN MATURUM FIT AD AUTUMNUM. ITA, CUM SUMPSERIS SEMEN, INCENDITO, ET CUM COEPERIT ASPARAGUS NASCI, SARITO ET STERCORATO. POST ANNOS VIII AUT NOVEM, CUM IAM EST VETUS, DIGERITO ET IN QUO LOCO POSTURUS ERIS TERRAM BENE SUBIGITO ET STERCERATO. DEINDE FOSSULAS FACITO, QUO RADICES ASPARAGI DEMITTAS. INTERVALLUM SIT NE MINUS PEDES SINGULOS INTER RADICES ASPARAGI. EVELLITO, SIC CIRCUMFODITO, UT FACILE VELLERE POSSIS; CAVETO NE FRANGATUR. STERCUS OVILLUM QUAM PLURIMUM FAC INGERAS; ID EST OPTIMUM AD EAM REM; ALIUT STERCUS HERBAS CREAT.

Hier die Übersetzung von Piero Lercher und Dietrich Iser:

Wie Spargel angebaut wird

Zum Anbau eignet sich Land, das Feuchtigkeit besitzt, oder solches mit fettem Boden. Sobald der Boden durchgearbeitet ist, lege die Beete so an, dass du rechts und links davon hacken und jäten kannst, ohne daraufzutreten. Wenn du die Beete abteilst, lasse zwischen ihnen nach allen Richtungen einen halben Fuß breit Abstand. Dann säe zwei bis drei Samenkörner in einer Linie und decke das Loch mit Erde zu. Dann streue ordentlich Mist über die Beete. Säe unmittelbar nach der Frühlings-Tag- und Nachtgleiche (21./22. März).

Sobald die Saat aufgegangen ist, reiße regelmäßig das Unkraut aus und gib dabei Acht, dass du nicht den Spargel zusammen mit dem Unkraut ausrupfst.

In dem Jahr, in dem du ihn gesät hast, decke ihn über Winter mit Stroh ab, damit er nicht abfriert. Zu Frühlingsbeginn lege ihn frei und hacke und jäte die Beete. Nach dem dritten Jahr, seit du ihn gesät hast, zünde zu Beginn des Frühlings sein Kraut an. Dann hacke nicht eher die Beete, als bis der Spargel aus dem Boden gesprossen ist, damit du beim Hacken nicht die Wurzeln verletzt. Im dritten oder vierten Jahr brich den Spargel von der Wurzel ab. Denn wenn du ihn abbrichst, werden sich Wurzelsprossen bilden und absterben. Du darfst ihn so lange abbrechen, bis du ihn in Samen schießen siehst.

Der Samen wird im Herbst reif. Sobald du den Samen abgenommen hast, zünde das Spargelkraut an, wenn der Spargel hervorzusprießen beginnt, jäte und dünge den Boden. Nach acht oder neun Jahren, wenn er schon alt ist, reiße ihn heraus und stich die Erde gut um und dünge sie. Dann ziehe schmale Gräben, um die Wurzelstöcke darin zu versenken. [Kommentar: Die alte Spargelpflanze wird in ein neues, frischgedüngtes Pflanzloch gesetzt, wo wieder vermehrt Nährstoffe aufgenommen werden können.] Der Abstand zwischen den Wurzeln des Spargels soll nicht weniger als ein Fuß betragen. Rupfe ihn ringsherum so aus, dass es leicht geht, pass aber auf, dass er nicht abbricht. Trage möglichst viel Schafmist auf, dieser eignet sich am besten für diesen Zweck; anderer Mist erzeugt Unkraut.

Wiederentdeckte Wandmalereien aus Pompeji, das im Jahre 79 durch den Ausbruch des Vesuvs unterging, sind ebenfalls wertvolle Zeugen einer Spargelkultur aus der Antike.

Casa dei Vettii in Pompeji

Wenn man die Geschichte der Spargelkultur näher verfolgt, zeigen sich auch immer wieder Lücken, die sich oftmals über mehrere Jahrhunderte erstrecken, weil Tradition und Wissen in den Wirren der Geschichte untergingen.

Der römische Kaiser Gaius Aurelius Valerius Diocletianus (Diokletian) legte während seiner Regentschaft 284–305 in einem Edikt die Höchstpreise für Waren und Arbeitsleistungen fest. Diese Preisregelungen betrafen nicht nur die Grundnahrungsmittel des Volkes, sondern auch Luxusgüter, wie beispielsweise Honig, Schinken, Wurstwaren, Salzwasser- und Süßwasserfische, Bohnen und eben Spargel. Das Edikt findet sich auch als Inschrift auf den Mauern einer antiken Tempelanlage in Stratonicea (Caria) im Südwesten der heutigen Türkei.

Der Zusammenbruch des römischen Weltreiches, die vielen Kriegswirren dieser Zeit und die Völkerwanderung führten im europäisch-asiatischen Raum zu einem fast vollständigen Erliegen des kultivierten Spargelanbaus. Für eine gewisse Zeit kam diese Pflanze fast nur noch in wildwachsender Form vor und wurde hauptsächlich als Heilpflanze verwendet.

Im christianisierten Mittelalter kam der Spargel aber zu neuem Ruhm und man entdeckte ihn auch als schmackhaftes Nahrungsmittel wieder. Maßgeblich verantwortlich dafür waren vor allem die Klöster und Apotheken, die den Spargel aufgrund seiner Bedeutung als Heilpflanze in ihren Gärten verstärkt hegten und pflegten. Viele alte Kräuterbücher zeugen noch heute davon.

So findet man in Aufzeichnungen des Benediktinerklosters bei St. Gallen aus dem Jahre 900 eine Empfehlung zur Heilanwendung des Spargels bei Fettleibigkeit.

Ebenso wird in alten Schriften berichtet, dass zurückkehrende Kreuzritter Mitte des 13. Jahrhunderts Spargelsamen aus der Levante mitbrachten.

Der Jurist und Feinschmecker Petrus de Crescentiis (Pietro de' Crescenzi, 1233– 1321) gilt als Begründer der modernen Landwirtschaft und beschreibt in seinem Werk *Liber ruralium commodorum* auch den Spargelanbau. Seine Handschrift wurde 1471 von Johann Schüssler in Augsburg gedruckt und gilt als das erste moderne Druckwerk zum Thema Ackerbau. Es erschien in 57 Auflagen in lateinischer, deutscher, italienischer und französischer Sprache.

Während der Spargelanbau zu kulinarischen Zwecken in Ländern wie Frankreich, Italien oder England zu Beginn des 16. Jahrhunderts schon weit verbreitet war, wurden im mitteleuropäischen, deutschsprachigen Raum erst ein halbes Jahrhundert später die ersten Spargelbeete in großem Stil angelegt. So schreibt Hieronymus Bock, genannt Tragus (1498–1554), 1546 in seinem *Kreütterbuch* über den Spargel: „Nun ist er auch, wie andere Leckerbisslein der Walsen und Hispanier, ins Teutschland kommen, ein lieblich Speis für Leckermäuler."

Der bereits erwähnte deutsche Naturforscher, Arzt und Botaniker Adam Lonitzer (Lonicerus) empfahl in Wein gesottene Spargelwurzeln bei Nieren- und Blasenleiden und bei Hüftschmerzen. Kraut und Samen in Wasser gesotten – oder einem daraus destillierten Geist – wurden ähnliche Wirkungen zugesprochen. Zerschnittene und zerstoßene Spargelwurzeln in Wein gesotten sollten als warme Umschläge bei Gliederschmerzen helfen. Bei Zahnschmerzen empfahl Lonicerus das Kauen von Spargelkraut, da dessen Saft lindernd wirke.

Der Siegeszug des Spargels in der Neuzeit begann mit seiner Wiederentdeckung in höfischen Kreisen. Bis ins 18. Jahrhundert galt Spargel als exquisites Luxusgemüse und wurde noch nicht in großem Umfang kultiviert. Aufgrund der medizinischen Entwicklungen und Entdeckungen und der Vormachtstellung der europäischen medizinischen Fakultäten und Universitäten stand die Heilwirkung des Spargels in unseren Breitengraden immer weniger im Zentrum des Interesses. Man wandte sich mehr und mehr der kulinarischen Bedeutung zu.

Titelillustration des Kreütterbuches von Adam Lonicerus

Hierbei zeigten sich unterschiedliche Vorlieben. So wurde beispielsweise Mitte des 19. Jahrhunderts in den europäischen Spargelhochburgen Deutschland, England und Frankreich der grüne Spargel gegenüber dem Bleichspargel bevorzugt, wie auch L. Huot 1852 in seinem Buch über den verbesserten Spargelbau beschreibt. Im Gegensatz zu Blumenkohl beziehungsweise Karfiol (*Brassica oleracea var. botrytis L.*) und Erbsen (*Pisum sativum*), die zu den ersten Pflanzenspezies gehören, die schon früh mit Hilfe wissenschaftlicher Methoden gezüchtet wurden, blieb die professionelle Spargelzucht lange Zeit vernachlässigt. Das lag wohl auch daran, dass die Pflanze mehrjährig ist und sich züchterische Erfolge und adäquate Ernteerträge erst nach längeren Zeiträumen erzielen lassen.

Mit der zunehmenden Industrialisierung gelangten vermehrt bürgerliche Schichten zu mehr Wohlstand und Spargel wurde auch für sie erschwinglich. Zunächst erfolgte der Anbau in kleinen Gärtnereien, mit der Verkehrserschließung durch die Eisenbahn bildeten sich konstant wachsende überregionale Märkte heraus, die einer erhöhten und professionelleren Spargelproduktion bedurften. Dies betraf mittlerweile sowohl den Grün- als auch den Bleichspargelanbau.

Im 19. Jahrhundert schätzte man den Spargel nicht nur wegen seines Wohlgeschmacks, sondern auch wieder wegen der ihm zugesprochenen Heilwirkung. Spargel war im amtlichen Arz-

Gemüse-stillleben (mit Spargel), 19. Jahrhundert

neibuch vieler Länder vermerkt und musste in Apotheken vorrätig sein. In Ländern wie Japan oder Indien werden spezielle Spargelrezepturen nach wie vor in die dortigen Arzneibücher aufgenommen.

Im 20. Jahrhundert stieg auch der Wohlstand in der Arbeiterschaft. Der steigende Spargelkonsum wurde jedoch durch die beiden Weltkriege jäh gebremst, da wieder die Herstellung von Grundnahrungsmitteln vorrangig war. Spargel zählte nicht zu ihnen, da er einen zu niedrigen Kaloriengehalt aufweist. Es gab sogar Spargelanbauverbote – gemäß dem Motto: „Erdäpfel sind wichtiger als Spargel!"

Nach dem Zweiten Weltkrieg versuchte man die Spargelkultur zu reaktivieren. Beispielhaft mag hier ein Projekt der Niederösterreichischen Landwirtschaftskammer sein, die im Jahr 1953 mit Unterstützung der Stiftung des Fürsten von Liechtenstein in Wilfersdorf in Niederösterreich eine Spargelaktion lancierte, bei der günstige Spargelpflanzen österreichweit an Landwirte abgegeben werden sollten. Das Echo darauf war jedoch unerwartet gering und die Aktion wurde letztendlich eingestellt.

Im Jahre 1972 wurden spezielle Spargelvorschriften erlassen, die innerhalb der Europäischen Wirtschaftsgemeinschaft galten. Im Zuge der Erweiterung der Europäischen Union wurden regionale Marken, wie beispielsweise der Marchfelder Spargel, geschützt. Heutzutage ist Spargel durch die zunehmende Globalisierung nahezu ganzjährig verfügbar.

Einblick in die Welt der Mikrostrukturen des Spargels

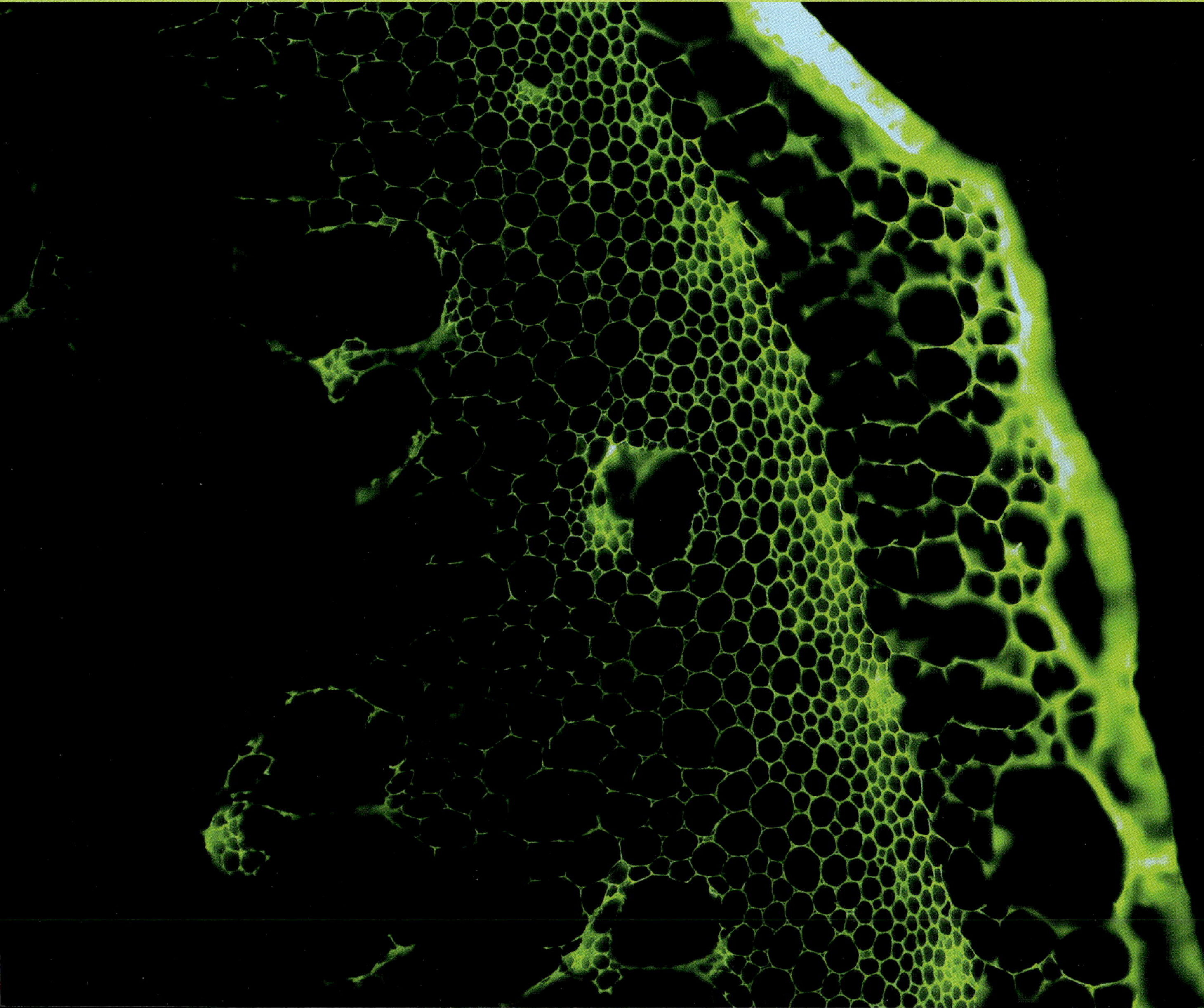

Einblick in die Welt der Mikrostrukturen des Spargels

Die Reise in die Welt der Ultrastrukturen beginnt mit einer Betrachtung des Spargels durch ein Stereomikroskop, wodurch nicht nur eine Vergrößerung zu sehen ist, sondern auch ein räumlicher Eindruck entsteht.

Diese Spargelspitze wurde unter einem Stereomikroskop betrachtet (Lumar.V12, Carl Zeiss). Durch zwei getrennte Strahlengänge entsteht für das Auge ein räumlicher Bildeindruck. Die aufgenommenen Bilder entsprechen zirka einer zwölffachen Vergrößerung (1,5× Objektiv).

Das Innere des Spargels wurde mit einem herkömmlichen Lichtmikroskop erforscht. In Kombination mit einer speziellen Färbemethode zeigen sich eindrucksvolle Strukturen, die dem Auge bei normaler Betrachtung verborgen bleiben. Bei der sogenannten „Astrablau- und Safranin-Färbung“ werden die Verholzungen (das Lignin) durch das Safranin rot gefärbt und die nicht verholzten Zellwände blau.

Spargel enthält, so wie fast jede Pflanze, auch den grünen Pflanzenfarbstoff Chlorophyll, der essentiell für die Photosynthese (Energiegewinnung) ist. Die sogenannten Chloroplastenzellen speichern diesen Farbstoff. Das Chlorophyll ist in ihnen ungleichmäßig verteilt, und bei hoher Auflösung im Mikroskop lassen sich chlorophyllreiche

Sprossenquerschnitt des Asparagus officinalis

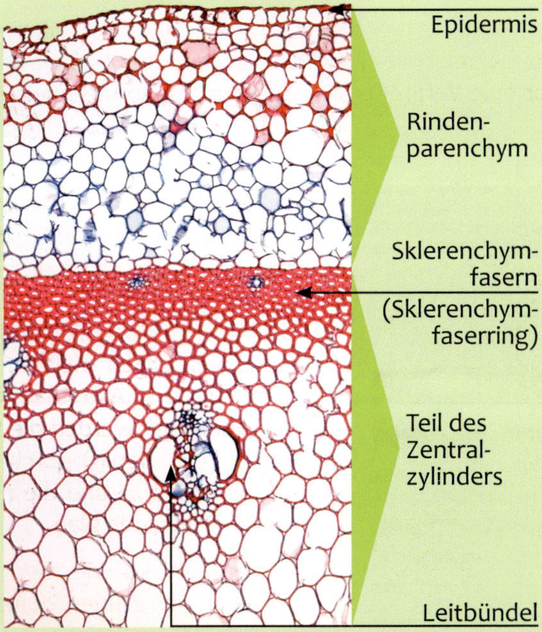

Lichtmikroskopische Aufnahme eines Sprossquerschnittes von Asparagus offincinalis (Färbung mit Astrablau und Safranin). Der Spross-Querschnitt zeigt eine Verholzung im Bereich der Rinde, des Zentralzylinders und der Leitbündel.

und chlorophyllarme Bereiche unterscheiden. Durch Anregung mit kurzwelligem Licht (z.B. blauem Licht) wird eine intensiv leuchtende Eigenfluoreszenz (auch Autofluoreszenz genannt) sichtbar.

Wie in der umseitigen Abbildung dargestellt, kann Chlorophyll beispielsweise mit blauem Licht angeregt werden (ca. 400 nm). Dieses Licht wird absorbiert und längerwelliges grünes oder auch rotes Licht wird emittiert. In den aufgenommenen Fluoreszenzbildern ist vermutlich vor allem „Chlorophyll b“ sichtbar.

Dieses Phänomen haben wir genutzt, um eindrucksvolle mikroskopische Bilder zu machen. Kleine Spargelstücke von Bleichspargel aus dem Marchfeld und von Grünspargel aus Thailand wurden in ein glykolhaltiges Medium eingebettet und bei minus 20 °C gefroren. Danach konnten mit einem Gefriermikrotom dünne Schnitte von etwa 20 µm gemacht werden. Diese hauchdünnen Schnitte wurden auf einem Objektträger aufgebracht und unmittelbar mit einem Fluoreszenzmikroskop (Axioimager, Carl Zeiss) betrachtet.

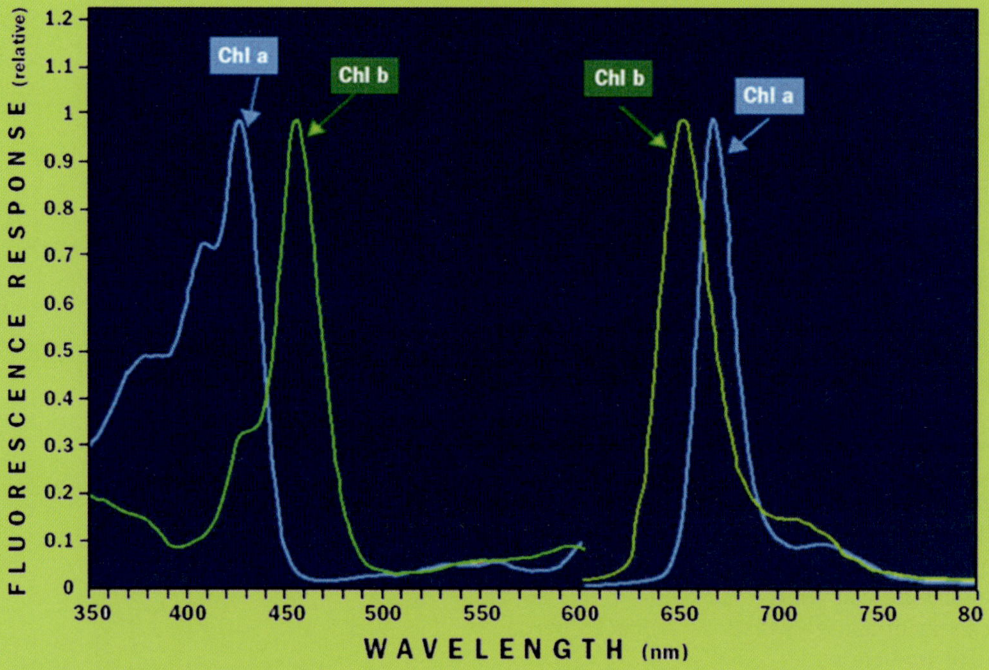

Quelle: [http://icecube.berkeley.edu/~bramall/work/astrobiology/fluorescence.htm]

Die sichtbaren Signale sind reine Autofluoreszenz und keine Färbung! Faszinierend und hier erstmals beschrieben ist, dass sowohl der grüne als auch der weiße Spargel diese Autofloureszenz-Phänomene zeigt.

Bei diesem Thaispargel (Abbildung links) ist sehr gut die Abgrenzung von der Schale (im Fachjargon Rinde genannt) und dem Mark (Zentralzylinder) der Spargelsprosse zu sehen.

Rechts ist tatsächlich weißer Spargel abgebildet. Gut zu sehen sind die Leitbündel.

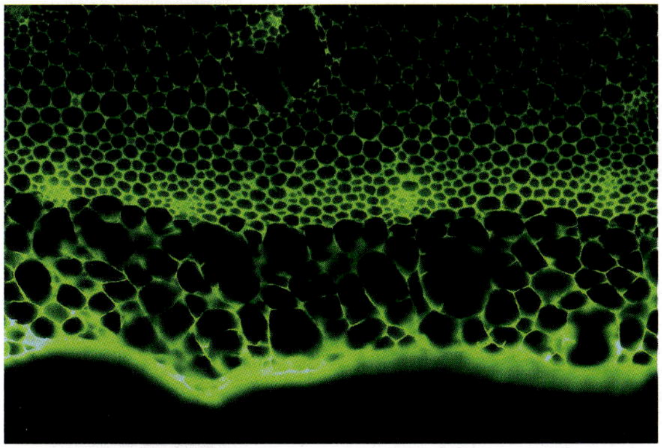

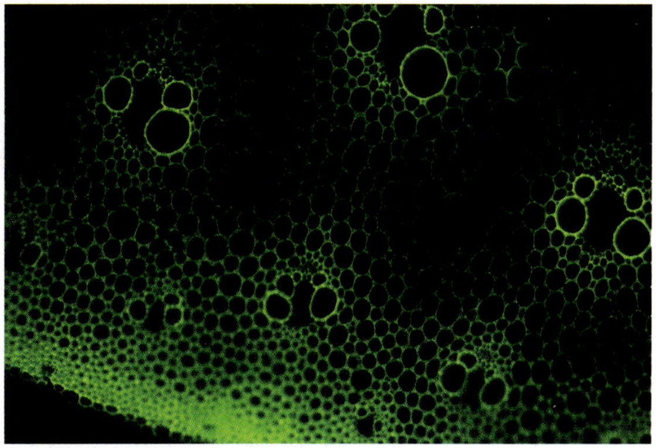

Der unten rechts abgebildete Winterspargel wurde mit demselben Mikroskop aufgenommen, mit dem Unterschied, dass die Beleuchtungsquelle eine Halogenlampe war (Hellfeldaufnahme). Bei den Fluoreszenzaufnahmen wurde eine Quecksilberdampflampe verwendet.

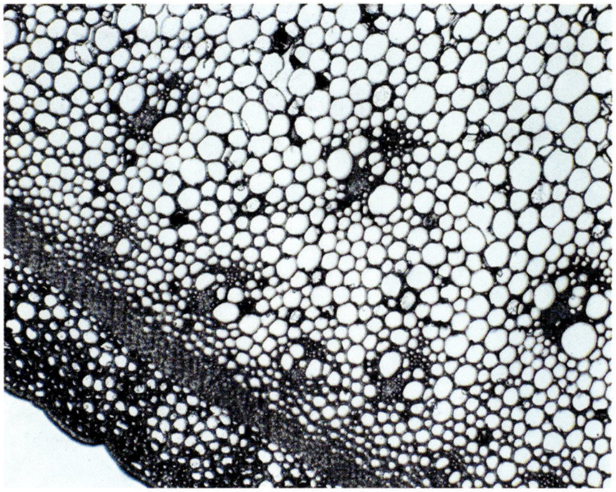

Anmerkung:

Die stereomikroskopischen Aufnahmen sowie die Hellfeld- und Fluoreszenzaufnahmen wurden von Sabine Rauscher vom Core Facility Imaging der Medizinischen Universität Wien durchgeführt. Die Färbungen der Präparate erfolgten an der Universität für Bodenkultur Wien durch Dr. Sabine Rosner vom Institut für Botanik.

Grundlagen der Spargelzucht,
Produktion, Lagerung und Verarbeitung

Grundlagen der Spargelzucht, Produktion, Lagerung und Verarbeitung

Spargelanbau und Produktion sind sehr aufwändig und erfordern auch heute noch – in der hochtechnologisierten Landwirtschaft – viele Schritte, die mit einfacher, aber präziser Handarbeit durchgeführt werden müssen. Pathetisch ausgedrückt wird sozusagen die archaische Kultur des Jagens und Sammelns fortgesetzt. Es sind sehr eindrucksvolle Bilder, wenn man die vielen fleißigen Menschen auf den Spargelfeldern bei der Spargelernte beobachtet.

Spargelzucht

In aufwändiger Handarbeit und mit geschultem Auge werden im Spätherbst von geeigneten Spargelpflanzen die kleinen roten Beeren gepflückt, in denen sich schwarze Samen befinden. Spargel ist ja eine zweihäusige Pflanze mit männlichen und weiblichen Exemplaren. Als „Stammeltern“ für das Ursaatgut einer neuen Sorte muss man aber Zwitterpflanzen suchen, die sowohl männliche als auch weibliche Anlagen tragen. Um solche zu finden, muss man oft lange durch die Spargelfelder streifen. Es gibt jedoch auch sehr erfolgreiche Züchtungsverfahren, die als Ausgangspflanzen rein männliche Testhybriden verwenden.

Aus den Samen der zur Zucht auserwählten „Stammeltern“ werden teilweise unter hochtechnologischen Laborbedingungen junge Spargelpflanzen gezogen und neue Sorten gezüchtet. Bis das Saatgut einer neuen Sorte marktreif ist, kann es bis zu 15 Jahre dauern. Weitere drei bis vier Jahre dauert es dann noch, bis der Landwirt die ersten Spargelstangen dieser neuen Sorte stechen kann.

Generell gibt es nur wenige Betriebe, die sich mit der aufwändigen Spargelzucht befassen. In Österreich gibt es keine großangelegte Spargelzucht, in

Deutschland beispielsweise nur drei Betriebe. Weitere bedeutende Spargelzuchtzentren gibt es noch in Italien, Frankreich und in den Niederlanden.

In Pierer's Universallexikon aus dem Jahr 1865 wird die Spargelzucht sehr praxisnah beschrieben:

„Um Spargelpflanzen zu ziehen, wählt man Samen von den stärksten Stängeln, gräbt in gute Gartenbeete Gräben von ungefähr 1 Fuß (= 30,48 cm) Breite u. 2 Fuß (= 60,96 cm) Tiefe, bringt 4 Zoll (= 10,16 cm) hoch Dünger, 1 Zoll (= 2,54 cm) hoch klare Erde hinein, legt darauf die Körner 6 Zoll (= 15,24 cm) weit aus einander und schüttet dann den Graben wieder voll. Bei feuchtem Wetter geht der Samen in vier, bei trockenem Wetter in 10 Wochen auf. Manche ziehen es vor, einjährige Pflanzen zu verstecken und warten dann ein Jahr länger mit dem Stechen des Spargels. Auch legt man den Samen bisweilen in so zugerichtete Beete und in solcher Entfernung, dass die Pflanzen nicht weiter versteckt zu werden brauchen. Solche Beete haben mehr Ausdauer und können bisweilen auch schon im vierten Jahre gestochen werden. Die Spargelbeete müssen rein von Unkraut gehalten werden, doch kann man Pflanzen, welche nicht zu tief wurzeln, z.B. Salat, in den Zwischenräumen des Spargels bauen.

Spargel info

Links:

(1) http://www.spargelzucht.de/
(2) http://www.vissers.com/?/nl/aspergeplanten
(3) http://www.limseeds.com/de/sorten/

Junge Spargelpflanzen

Spargelsorten

Die Auswahl der angebauten Spargelsorten richtet sich meistens nach den kulinarischen Bedürfnissen der Endverbraucher. Mittlerweile gibt es eine Fülle von Zuchtsorten und ständig kommen neue hinzu. Aus anbautechnischen Gründen werden auch oftmals Sorten gezüchtet, die in definierten Zeiträumen geerntet werden können.

Sortenanforderungen

Im Jahre 1910 wurden vom Deutschen Ökonomierat Johannes Böttner (dem Älteren) aus Braunschweig die im Wesentlichen auch heute noch gültigen Zielparameter der Spargelzucht definiert:

- Frühzeitigkeit,
- Schnellwüchsigkeit,
- Ertragsfähigkeit,
- Lebensdauer (heutzutage nicht mehr vordergründig),
- Konsistenz,
- Durchmesser,
- Form der Stangen, des Kopfes und der Schuppen,
- Geschmack.

Wildspargel

Die bekanntesten Spargelsorten

Wildspargel (*Asparagus acutifolius*)

Hierzu zählt z.B. der Asparago selvatico aus Sardinien oder Sizilien. Seine Stangen sind dünn, er schmeckt würzig bis angenehm bitter und ist sehr aromatisch. Der Wildspargel ist nicht zu verwechseln mit dem Stechenden Mäusedorn (*Ruscus aculeatus*), Hopfensprossen (*Humulus lupulus*) oder der Gemeinen Schmerzwurz (*Tamus communis*).

Der Wildspargel hat in Sardinien beispielsweise zwei Erntephasen. Eine je nach Wetterlage im September/Oktober und eine im Jänner/Feber.

Weißer Spargel (*Asparagus officinalis*)

Weißer Spargel, auch Bleichspargel genannt, wächst unter der Erde beziehungsweise in einem Erdwall und wird gestochen, sobald sein „Kopf“, die sogenannte Spargelspitze, die Erdoberfläche erreicht oder durchbricht. Sobald die Spargelspitze dem Licht und insbesondere den Sonnenstrahlen ausgesetzt ist, werden innerhalb weniger Stunden Stoffe gebildet, die für die Photosynthese benötigt werden. Die Spargelspitze verfärbt sich zunächst blauviolett (durch den Einfluss des sekundären Pflanzenstoffes Anthocyan) und wird dann ganz schnell grün.

Der weiße Spargel hat einen sehr milden Geschmack und ist in unseren Breiten derzeit die Sorte mit der größten Nachfrage.

Weißer Spargel

Grüner Spargel (*Asparagus officinalis*)

Es gibt Spargelsorten, die sich geschmacklich eher für den Grünspargelanbau eignen, aber prinzipiell würde jeder Spargel, der dem Sonnenlicht ausgesetzt wird, eine grüne Farbe annehmen. Der klassische Grünspargel ist eine speziell gezüchtete Sorte, die sich in der Regelmäßigkeit der Farbe und im Geschmack deutlich von einem sonnenlichtexponierten, grünlich gefärbten Weiß- oder Bleichspargel unterscheidet. Beim Grünspargel selbst unterscheidet man wiederum hellgrüne und anthocyanfreie von dunkelgrünen bis violettgrünen anthocyanhaltigen Sorten.

Der Grünspargel wächst über der Erde und entwickelt seine hellgrüne Farbe durch die Einwirkung des Sonnenlichts. Der Geschmack ist leicht würzig und erinnert an grüne Erbsen oder Brokkoli.

Grünspargel: anthocyanhältig (li.), anthocyanfrei (re.)

Thaispargel

Violetter Spargel

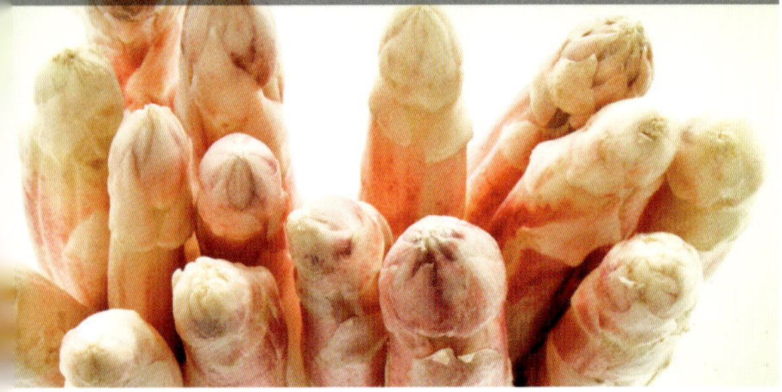
Weißvioletter Spargel

Mini-Grünspargel oder Thaispargel (*Asparagus officinalis*)

Der Thaispargel wird aufgrund seines Aromas, das herb bis mild-würzig sein kann, sehr geschätzt. Mit dem Boom der asiatischen Küche nahm auch seine Bekanntheit zu.

Violetter Spargel (*Asparagus officinalis*)

Der violette Purpurspargel ist eine besondere Form des Grünspargels mit einem bis zu 20 % höheren Zuckeranteil. Die Stangen wachsen oberirdisch und sind wegen ihres hohen Anteils an dem natürlichen Pflanzenfarbstoff Anthocyan durchgehend violett gefärbt. Purpurspargel (Sweet purple asparagus) ist eine kalifornische Spezialität und findet sich nur selten auf unseren Speisetellern. Violetter Spargel wird beim Kochen dunkelgrün, die Spitzen bleiben teils violett erhalten und das Aroma ist mild-nussig.

Weißvioletter Spargel (*Asparagus officinalis*)

Weißvioletter Spargel zeichnet sich dadurch aus, dass eine weiße Spargelstange eine bläulich-violett angehauchte Spargelspitze hat. Dieses Phänomen zeigt sich, wenn die Spargelspitze die Erdoberfläche durchbrochen hat und für kurze Zeit dem Sonnenlicht ausgesetzt wurde. Nach einiger Zeit wandelt sich diese Violettfärbung in eine Grünfärbung um. Im mitteleuropäischen bzw. deutschsprachigen Raum wird eine auffallend starke Färbung des Spargels als Folge einer schlechten Zuchtwahl und eher als qualitativ minderwertig betrachtet.

Die Färbung der Spargelköpfe kann jedoch auch durch die Bodenbeschaffenheit und die Witterung begünstigt werden.

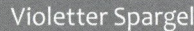

Es gibt aber auch spezielle Spargelsorten, die von Haus aus violette Spargelspitzen aufweisen bzw. die gänzlich violett sind. Dazu gehören beispielsweise die Sorten Violetta, Sweet purple asparagus und Argenteuil/Echter Burgunder. Die Letztere ist insbesondere in Frankreich, Italien und in der Schweiz sehr beliebt.

Standortwahl und Klima

Um von einer Spargelkultur über viele Jahre optimale Erträge und Qualitäten ernten zu können, sollte die Standortwahl sorgfältig vorgenommen werden. Sie ist wesentlich für den Zeitpunkt des Erntebeginns. Am besten eignet sich eine sonnige Lage, die eine schnelle Erwärmung des Bodens im Frühjahr garantiert. Hierzu eignen sich besonders sandige, durchlässige Gründe. Allzu lehmiges Erdreich lässt den Spargel oft krumm werden. Der Boden sollte humusreich und tiefgründig sein und einen pH-Wert zwischen 5,8 und 6,3 aufweisen. Der Grundwasserspiegel sollte niedrig sein und der Steinanteil der Erde gering. Standorte mit Spätfrostgefahr sind unbedingt zu meiden.

Wärme tut dem Spargel generell gut. Bei hohen Temperaturen ist die Verholzung an den basalen Stängelteilen um bis zu 40 % geringer als bei niedrigeren Temperaturen. Allzu hohe Temperaturen und Trockenheit aber wiederum verstärken die Faserigkeit. Daraus wird ersichtlich, wie wichtig der Standort, ein gutes Temperaturmanagement und der gute Kontakt zum „Wettergott“ sind.

Bodenvorbereitung

Bevor der Spargel angepflanzt wird, ist eine Vorbereitungszeit von ca. einem bis eineinhalb Jahren einzuplanen. Zuallererst muss der Nährstoffgehalt im Boden in bis zu einem Meter Tiefe bestimmt werden. Mittels eines sogenannten Penetrometers wird der Eindringwiderstand im Boden gemessen und die Fläche auf Bodenverdichtungen untersucht. Bei Bedarf ist eine Tiefenbearbeitung notwendig. Je nach Bodenart werden hierzu Spatenmaschinen, Wippschar- oder Untergrundlockerer bis zu einer maximalen Tiefe von einem Meter verwendet.

Im Folgejahr werden mehrmals bodenverbessernde Gründüngungspflanzen zur Humusanreicherung eingesät. Dabei werden Pflanzen, wie beispielsweise Pferdebohne (*Macrotyloma uniflorum*), Ölrettich (*Raphanus sativus var. oleiformis*) oder Sudangras (*Sorghum sudanense*) verwendet. Die Einarbeitung dieser Grünmasse muss vor Blühbeginn und unbedingt in angewelkter Form erfolgen.

Bodenmüdigkeit im Spargel

Zu beachten ist, dass auch unter optimalen Anbaubedingungen nach ca. zehn bis fünfzehn Jahren eine sogenannte Bodenmüdigkeit auftritt, die sich in Form von Wachstumsdepressionen der Spargelpflanzen auswirkt. Wissenschaftliche Untersuchungen stellten als Ursache u.a. den Befall des Bodens mit *Fusarium oxysporum* fest, der sogenannten Fusariumwelke, einer Pilzkrankheit, die auch Panamakrankheit genannt wird. *Fusarium oxysporum* lässt sich zurzeit nur mit Hygienemaßnahmen bekämpfen. Hierzu muss das Ackergerät vollständig und sorgfältig desinfiziert und befallene Pflanzen müssen komplett vernichtet werden. Ebenso könnte eine Erhöhung des pH-Wertes des Bodens durch Kalken durchgeführt werden, was jedoch nicht nur das Wachstum des Pilzes, sondern auch das Wachstum der zum Anbau vorgesehenen Kulturpflanze beeinflussen würde.

Aussaat und Pflanzung

Bewässerung eines Spargelfeldes

Der Spargelbauer bekommt vom Züchter in der Regel einjährige Spargelpflanzen als Setzlinge. Die Pflanzung erfolgt in einer Reihenentfernung von 1,80 bis 2,2 Meter. Je nach Spargelsorte werden drei bis acht Pflanzen pro Laufmeter gesetzt. Mit einer speziellen Maschine werden dabei in einem Arbeitsgang Furchen gezogen, die Pflanzen gesetzt, festgedrückt und mit Erde bedeckt. Die Ablagetiefe beim Bleichspargel beträgt 15 bis 20 cm, bei Grünspargel 10 bis 15 cm.

Das erste Standjahr

Jungpflanzen im ersten Jahr

Im ersten Standjahr des Spargels ist darauf zu achten, dass die Spargelanlage frei von Unkraut ist. Hierbei soll jedoch erwähnt werden, dass viele Heilpflanzen auch als Unkraut bezeichnet werden und deren Auftreten im Zusammenhang mit der Kulturpflanzenzucht nicht erwünscht ist.

Regelmäßige Bodenanalysen regeln den Düngungs- und Bewässerungsbedarf, das heißt, dass hier nicht „Daumen mal Pi" oder nach dem Motto „es darf auch ein bisserl mehr sein" agiert werden darf.

Ebenso müssen Schädlinge und Krankheiten bekämpft werden.

Das zweite Standjahr

Im zweiten Standjahr kann in der Spargelanlage bereits vierzehn Tage lang geerntet werden. Dies ist insbesondere bei sehr dicht wachsenden Sorten notwendig, weil dadurch das Risiko eines Krankheitsbefalls reduziert wird.

Danach gilt es weiterhin, den Boden zu düngen, unkrautfrei zu halten, zu bewässern und etwaige Schädlinge und Krankheiten zu bekämpfen.

Das dritte Standjahr

Im dritten Standjahr kann die Spargelernte ungefähr einen Monat lang erfolgen. Düngung, Schädlingsbekämpfung, Krankheitsvorsorge und Bewässerung müssen nach wie vor geflissentlich durchgeführt werden.

Das vierte Standjahr und die Folgejahre

Unter optimalen Bedingungen kann ab dem vierten Standjahr mit ertragreichen Spargelernten gerechnet werden. Die Erntedauer beträgt je nach Witterung sechs bis acht Wochen.

Da der Wurzelstock der Spargelpflanze mit jedem Erntejahr einige Zentimeter in Richtung Erdoberfläche wächst, müssen die Spargeldämme jedes Jahr höher angelegt werden. Wird ein zu geringer Reihenabstand gewählt, sodass keine höheren Dämme möglich sind, besteht die Gefahr, dass beim Spargelstechen die Wurzelstöcke älterer Spargelpflanzungen angestochen und beschädigt werden, was wiederum mit Ernteeinbußen im Folgejahr verbunden ist.

Bei bester landwirtschaftlicher Pflege kann die Bewirtschaftung einer Spargelanlage bis zu zehn Jahre und länger erfolgen. Der Trend geht jedoch derzeit in Richtung kürzere Kulturdauer.

Produktion

Sobald im Frühjahr der Boden aufgetrocknet ist, beginnt das sogenannte Aufdämmen. Dies erfolgt mit einer Spargelfräse, wobei über den Spargelreihen die Erde lockergeschlagen und ein Erddamm in Trapezform gezogen wird. Die Pflanzen sollten 35 cm unter der Dammkrone sitzen. Die Dammkonstruktion sollte so gewählt sein, dass bei einer Kronenbreite von ca. 40 cm der Dammfuß ca. 80 cm misst. Die Flanken bilden dann bei einer Länge von ca. 30 cm einen Winkel von 130 Grad. Die Dammhöhe muss in jedem Fall so gewählt werden, dass die Wurzelkrone der Pflanze beim Stechen nicht beschädigt werden kann und der Anteil der Verholzung am unteren Ende der Spargelstange möglichst gering bleibt.

Spargelfeld vor dem Dammfräsen

Spargeldammfräsen

Frisch gezogene Spargeldämme

Zur Temperatur- und Klimaregulation finden verschiedene Foliensysteme Anwendung:

Durchsichtige Folien (Thermofolien oder Antitau) werden verwendet, um die Ernte zu verfrühen. Je nach Witterung kann die Verfrühung bis zu zehn Erntetage betragen. Der Nachteil ist, dass sich insbesondere beim Bleichspargel die Spargelspitzen violett verfärben können, was bei vielen Konsumenten im Gegensatz zum violetten Spargel als Qualitätseinbuße gewertet wird. Die größte Verfrühung des Spargelwuchses erreicht man mit Folientunnel. Diese können als Kleintunnel für eine Spargelreihe oder als Großtunnel für bis zu sechs Reihen angelegt werden.

Transparente Folientunnel

Das am häufigsten angewandte Foliensystem hat eine schwarze und eine weiße Seite. Die Folie verhindert die Violettfärbung der Spargelköpfe, auch wenn diese bereits die Erde des Dammes durchbrechen. Sie verhindert aber auch eine Verdunstung durch Wind und Sonne.

Schwarze Folientunnel

Die schwarze Seite dient der Temperaturerhöhung im Damm und beschleunigt das Wachstum. Ab 20 Grad Celsius wird die Folie von Schwarz auf Weiß gewendet. Die weiße Seite der Folie hat eine kühlende Funktion für den Spargeldamm. Somit werden Erntespitzen etwas gebremst.

Maschinelle Folienverlegung

Händische Folienverlegung

Durch die zunehmende Erwärmung des Bodens im Frühjahr (ab ca. 7 bis 12 Grad Celsius) beginnen aus den Wurzelstöcken mehrere weiße Sprossen in Richtung Erdoberfläche zu wachsen. Diese weißen Sprossen sind die Spargelstangen, die entweder durch einen Erddamm und etwaige Folienabdeckungen gebleicht oder ohne Erddamm grün geerntet werden.

Spargelernte

In unseren Breitengraden beginnt die Spargelsaison üblicherweise Mitte April. Der genaue Zeitpunkt ist in erster Linie wetter- und temperaturabhängig.

Nach wie vor wird jede einzelne Spargelstange mit der Hand gestochen. Mittlerweile gibt es auch eine maschinelle Erntehilfe. Diese sogenannte Spargelspinne mit Elektroantrieb erleichtert die Handernte durch automatische Folienanhebung und Mitführen von Erntekisten, in die der Spargel abgelegt wird.

Es wurden auch schon automatische Spargelerntemaschinen entwickelt, die beim Überfahren des Dammes den Spargel oberhalb der Wurzel abschneiden und mit Hilfe einer Siebkette in einem Auffangbehälter abgelegen. Die Spargelstangen werden manuell aussortiert und in mitgeführten Kisten gesammelt. Mit Hilfe von Dammformern wird hinter der Maschine wieder ein Spargeldamm errichtet. Diese Methode wird von vielen Spargelproduzenten aber abgelehnt, da der Ernteertrag an gut sortiertem Spargel geringer ist.

Während der Spargelernte

Das Spargelstechen

Spargel kann bei günstigen Witterungsbedingungen ca. 10 cm pro Tag wachsen. Deshalb werden die Spargelreihen jeden Tag frühmorgens kontrolliert.

Zuerst wird ein mehrere Meter langer Teil der Folie vom Damm geschoben. Danach wird bei jedem sichtbaren Spargelkopf vorsichtig mit Zeige- und Mittelfinger bis auf eine Tiefe von 25 bis 30 cm gegraben und die Spargelstange mit dem Stechmesser (speziell gebogenes Messer) in dieser Tiefe abgestochen. Diese Arbeit erfordert große Sorgfalt und Gewissenhaftigkeit, damit die daneben herauswachsenden Spargelstangen nicht verletzt oder abgebrochen werden. Tiefer sollte nicht gestochen werden, um den Wurzelstock nicht zu beschädigen.

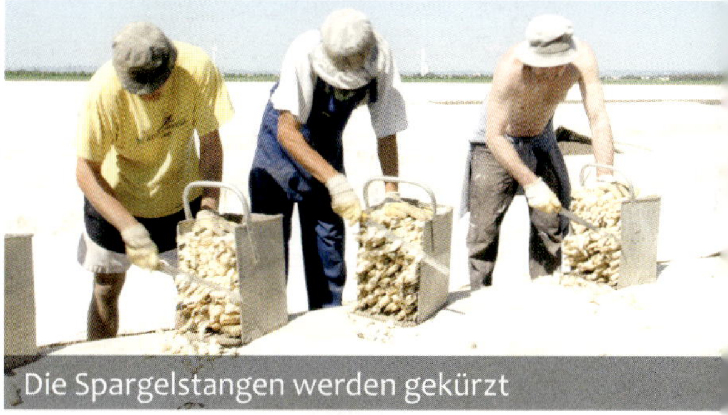
Die Spargelstangen werden gekürzt

Die abgestochenen Stangen werden in einen Korb gelegt und zum Schutz gegen Austrocknung zugedeckt. Die beim Stechen entstandenen Löcher werden anschließend mit einer mitgeführten Glättkelle (sieht wie eine Maurerkelle aus) wieder befüllt und die Dämme glattgestrichen. Zum Abschluss muss die Folie wieder über den Damm gezogen werden.

Premier piquage

Ein besonderes Erlebnis ist der Erstanstich, die sogenannte „premier piquage“.

Spargelsprossen kommen aus der Erde

Ausgraben der Spargelsprossen

Stechen der Spargelstangen

Verschließen des Stechlochs

Die Ernte von Grün- und Violettspargel

Grün- und Violettspargel wachsen ebenerdig, also ohne Dämme. Deren Ernte beginnt meistens früher als die des Bleichspargels und gestaltet sich etwas einfacher und weniger zeitaufwändig, da diese bei einer Länge von 25 bis 30 cm knapp unter der Bodenoberfläche mit einem scharfen Messer abgeschnitten werden können. Die Stangen sollten bei warmer Witterung geschnitten werden, noch bevor sich die Deckblätter der Köpfe lockern.

Das Ende der Spargelsaison

Traditionell ist der 24. Juni das Ende der Spargelsaison. Insbesondere nach einer langen Erntezeit benötigt die Pflanze eine Erholungsphase, um nach dem Durchtrieb wichtige Nährstoffe durch Photosynthese und Assimilation einzulagern. Die dadurch gewonnene Energie wird von der Pflanze zum Wachstum und zur Anlage der Knospen für das Folgejahr benötigt.

Nach der Ernte werden die Spargeldämme nicht mehr eingeebnet. Dies ist nur bei schweren, feuchten Böden als Vorbeugung gegen Pilzbefall notwendig.

Wenn das Spargelkraut durch Frosteinwirkung abstirbt, muss es in den Boden eingearbeitet werden, damit es im Folgejahr bei der Ernte nicht stört.

Spargelfeld am Ende der Spargelsaison

Nach der Ernte

Der gestochene Spargel sollte so schnell wie möglich vom Feld geführt werden, um das Antrocknen der Erde an der Spargelstange und eine Rotfärbung durch Einfluss von Licht und Wärme zu verhindern. Der Spargel bleibt länger frisch, wenn er für etwa eine Stunde in kaltes Wasser gestellt wird. Anschließend erfolgt eine Lagerung bei 2 Grad Celsius bis zur Sortierung.

Sortierung

Die Sortierung kann per Hand oder maschinell erfolgen. Bei beiden Methoden wird der Spargel auf ein Gitterband aufgelegt und durch einen Waschtunnel geführt, wo die anhaftende Erde und andere Verschmutzungen mit Hilfe von Wasserdüsen, bei Bedarf auch mit Bürsten, abgespült werden.

Anschließend schneidet ein rotierendes Messer den Spargel nach dem Ausrichten auf die eingestellte gewünschte Länge. Im Normalfall sind das 22 Zentimeter. Die Schnittenden müssen rechtwinkelig und glatt sein.

Reinigung im Waschtunnel

Hauptwäsche

Sortierung in Sammelbehälter

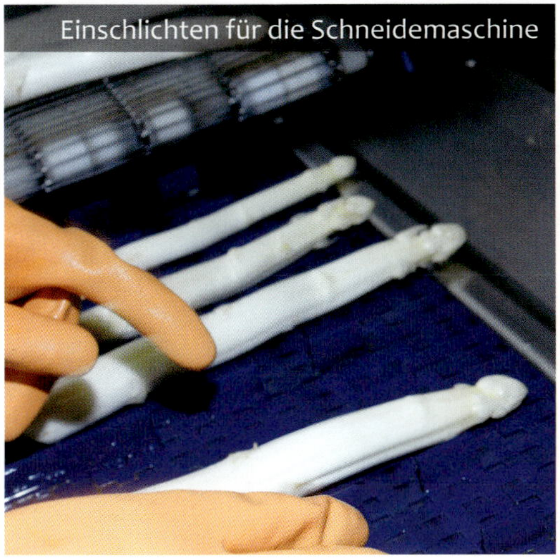
Einschlichten für die Schneidemaschine

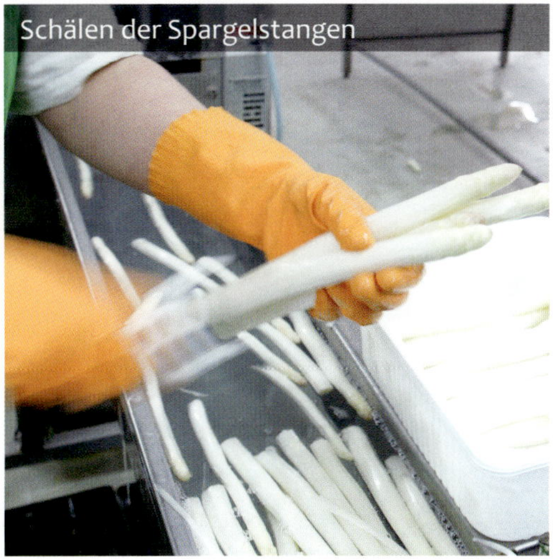
Schälen der Spargelstangen

Bei der händischen Sortierung erfolgt die Ermittlung der Spargeldicke mittels spezieller Schablonen, bei der maschinellen optisch, auf Fotobasis. Der Spargel wird generell nach Länge, Durchmesser, Krümmung, Kopfform, Farbe und etwaiger Berostung sortiert und in Kisten abgelegt.

Spargelqualitäten oder Handelsklassen/Güteklassen

Die diversen Spargelarten wurden im Kapitel Botanik ausführlich beschrieben. Hinsichtlich der Qualitäten und Handelsklassen gibt es unterschiedliche Klassifizierungen, die sich auch von Land zu Land unterscheiden können.

Die Qualität von Spargel wird seit dem 1. Juli 2009 EU-weit nur noch durch eine allgemeine Vermarktungsnorm (Verordnung (EG) Nr. 1580/2007) geregelt, und es gibt für Spargel keine produktspezifische EG-Vermarktungsnorm mehr. Damit ist auch die bis dahin übliche Qualitätseinteilung der weißen und grünen Gemüsestangen gesetzlich nicht mehr vorgeschrieben. In der Vermarktungsnorm sind Mindestanforderungen festgelegt, die nicht nur für Spargel, sondern auch für andere Obst- und Gemüsearten gelten. Es werden darin Mindestgüteeigenschaften definiert, wie beispielsweise Ganzheit, Gesundheit, Mindestreifekriterien oder Sauberkeit. Ferner ist bei allen Obst- und Gemüsearten das Ursprungsland anzugeben.

Eine freiwillige Klassifizierung der Spargelware ist jedoch weiterhin auf Basis der international gültigen UNECE-(United Nations Economic Commission for Europe) Norm möglich.

Europäische Handelsklassen des Bleichspargels:			
Klasse	**∅ in mm**	**Länge in cm**	**Aussehen**
Klasse I Extra	16–26	22	■ geradlinig gewachsene, unbeschädigte Stangen ■ rein weiß ■ fest geschlossene Köpfe ■ glatte Schnittflächen im rechten Winkel zur Längsachse der Spargelstange
Klasse I	12–26	17–22	geschlossene Köpfe
Klasse II	> 12	12–22	leichte Krümmung und rosa Färbung der Stangen und nicht ganz geschlossene Köpfe zulässig

Spargel von schlechter Qualität:

Die Spargelstangen sind gebogen und unterschiedlich dick und die Spargelköpfe sind teilweise offen oder nicht gleichmäßig geschlossen.

Geheimtipp: Spargelbruch oder zu kurzer, zu dünner oder auch verletzter Spargel, der nicht in eine hochwertige Klasse eingeteilt werden kann, eignet sich zu einer schmackhaften Auf- und Zubereitung in Form von Spargelsuppen, Spargelsalaten etc.

Hinsichtlich einer geschützten österreichischen Herkunftsbezeichnung ist innerhalb der Europäischen Union beim Spargel nur der Begriff „Marchfeldspargel“ seit 30.04.2002 (Dossier/PGI/0117/1462) anerkannt.

Die freiwillige Klassifizierung der Marchfeldspargelsortierungen sieht folgendermaßen aus:

Aussehen	Name	∅ in mm	Verwendung
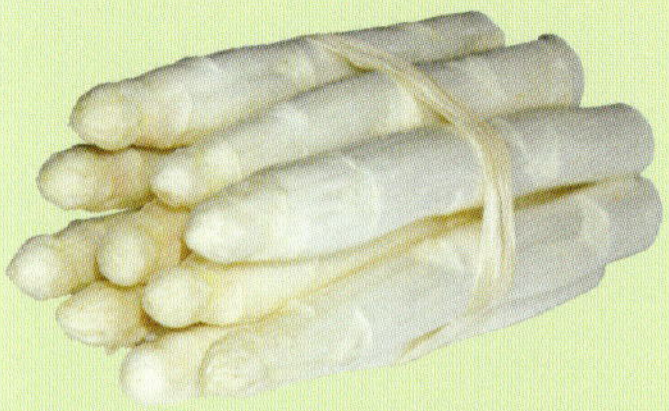	Solo Plus weiß	> 25	ideale Verwendung als Hauptspeise
	Solo weiß	20–26	gute Verwendung als Hauptspeise
	Classic weiß	15–21	Verwendung als Beilage
	Classic fein weiß	10–16	Verwendung als Beilagen und Suppen

Aussehen	Name	∅ in mm	Verwendung
	Solo plus grün	> 22	ideale Verwendung als Hauptspeise
	Solo grün	17–22	gute Verwendung als Hauptspeise
	Classic grün	12–17	Verwendung als Beilage
	Classic fein grün	6–12	Verwendung für Beilagen, Suppen und Dekoration

In den Niederlanden, als Domäne der europäischen Spargelzucht, wird der Spargel folgendermaßen klassifiziert:

Klasse	∅ in mm
AAA	> 28
AA	20–28
A	16–20
B	12–16
C	10–12

Bild unten: Schloss Neercanne bei Maastricht

Hier wird der passende Wein zum Limburger Spargel produziert.

Qualitätsmerkmale

Ein sehr wichtiges Qualitätsmerkmal ist sowohl bei Bleichspargel als auch bei farbigem Spargel ein geschlossener Kopf, wobei hier genetische Faktoren und äußere Faktoren, wie Temperatur und Luftfeuchtigkeit, beeinflussend wirken. Extreme Temperaturschwankungen führen auch zum Auftreten von Hohlstangen.

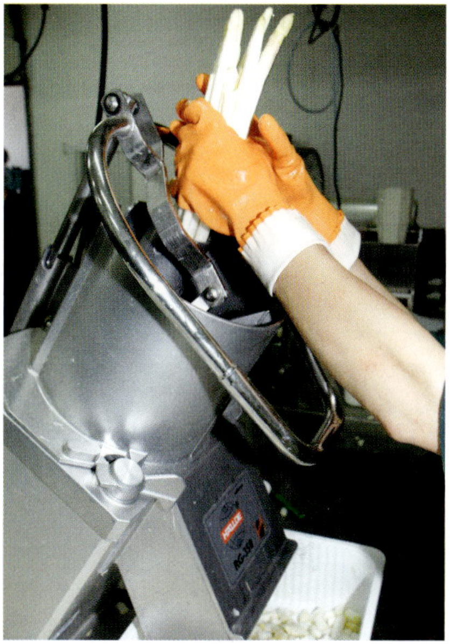

Lagerung, Verpackung und Weiterverarbeitung des Spargels

Um eine Austrocknung zu verhindern, wird der Spargel nach erfolgter Sortierung durch Eiswasserberieselung auf eine Kerntemperatur von 0,5 bis maximal 2 Grad Celsius heruntergekühlt und bei sehr hoher Luftfeuchtigkeit (> 95 %) gelagert. Danach wird je nach Bedarf ein Teil der Ware für die Direktvermarktung oder den Großhandel vorbereitet und abgepackt. Manche Spargelproduzenten bieten als Service für die Gastronomie auch eine maschinelle Spargelschälung an.

oben: Bestückung einer Spargelschnittmaschine

links: Verpacken des Spargels für den Verkauf

Spargelkrankheiten und Parasiten

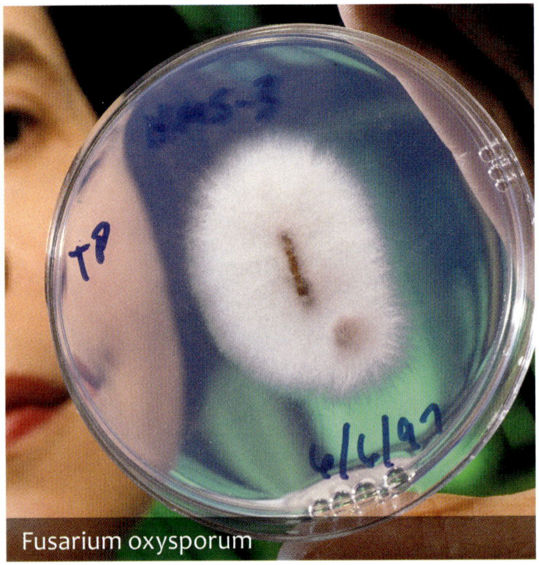

Fusarium oxysporum

Die Anfälligkeit und Resistenz gegenüber Spargelschädlingen variiert von Sorte zu Sorte. Spargelsorten, die eher kompakt wachsen oder angebaut werden, sind generell stärker gefährdet als locker gesetzte, besser winddurchwehte Pflanzen. Befallene Pflanzen sollen so rasch wie möglich entfernt werden.

Fusarium oxysporum

Fusarium oxysporum ist eine Schimmelpilzart, die bei Pflanzen die gefürchtete Wurzelfäule (Fusarium) verursacht. Der Fusariumpilz ist prinzipiell überall vorhanden, befällt die Pflanzen aber nur dann, wenn sie durch äußere Umstände geschwächt sind (z.B. extreme Feuchtigkeit durch erhöhten Grundwasserspiegel oder Sauerstoffmangel). Beim Spargel zeigen sich Wachstumsstörungen, die so weit führen können, dass die Pflanze nach zwei bis drei Jahren abstirbt.

Spargelrost (*Puccinia asparagi*)

Spargelrost ist ebenfalls eine Pilzerkrankung. Dieser befällt das Spargelkraut, was durch gelb-orange bis bräunliche Verfärbungen sichtbar wird. Am wichtigsten ist es, eine Überwinterung des Pilzes zu verhindern. Um den Pilzbefall gering zu halten, sind bei der Standortwahl windige Flächen zu bevorzugen und bei den Pflanzungen Reihenabstände einzuhalten, die eine gute Durchlüftung der Spargelpflanzen ermöglichen.

Botrytis cinerea

Botrytis ist ein Universalpilz, der die sogenannte Grauschimmelfäule verursacht. Im Weinbau als Edelfäule erwünscht, möchte man ihn im Spargelanbau weitestgehend nicht antreffen. Bei den befallenen Spargelpflanzen verfärbt sich das Kraut zuerst gelb, danach braun und dann grau. Ein Botrytisbefall muss von einer natürlichen Abreife unterschieden werden.

Stemphylium botryosum

Stemphylium ist ein Schimmelpilz und Fäulnisbewohner auf abgestorbenen pflanzlichen Materialien, der die sogenannte Spargellaubkrankheit verursacht. Beim Spargel treten vor allem bei feuchter Witterung auf den Stängeln zunächst helle Flecken auf. Auf diesen Flecken bildet sich nach einiger Zeit ein schwarzer Pilzsporenrasen aus. Sein Befall ist gefürchtet, da er durch die Bildung von Pflanzentoxinen zu einem raschen Absterben der Spargelpflanzen führt.

Die wichtigsten Schädlinge

Die Spargelfliege (*Platyparea poeciloptera*)

Die Spargelfliege ist der Hauptschädling im Spargelanbau. Sie wird meist ab Ende April aktiv, wenn das Wetter warm bleibt. Die Weibchen legen ihre Eier in die Triebspitzen. Die Schädlinge sind die aus den Eiern schlüpfenden Maden, die sich an den jungen Spargeltrieben „delektieren". Man erkennt den Befall der Pflanze an den bräunlichen Gängen. Die Spargeltriebe verkümmern, werden gelb und sterben schließlich ab. Sehr gefährdet sind Spargel-Junganlagen.

Zur biologischen Bekämpfung der Spargelfliege werden Netze bis auf eine Höhe von einem Meter gespannt. Da Spargelfliegen nur sehr tief fliegen und die Spargelsprosse nur in Bodennähe erkennen können, bleiben sie letztendlich in den Netzen hängen. Dadurch wird die Eiablage auf dem aus den Boden sprießenden Spargel verhindert.

Diese Netzsysteme halten auch Hasen vom „Spargelknabbern" ab, die ja nicht als explizite Spargelschädlinge gelten.

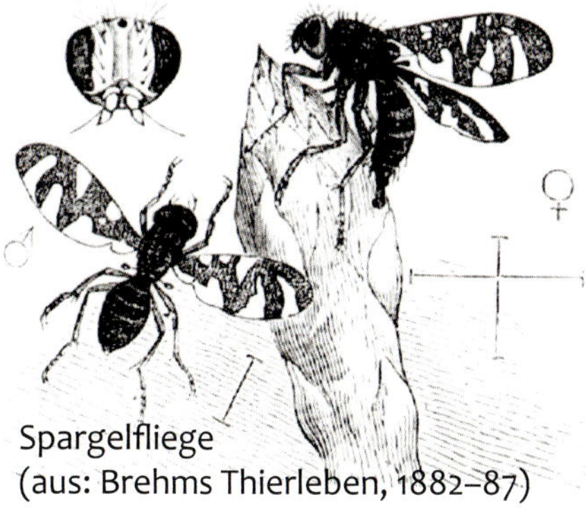

Spargelfliege
(aus: Brehms Thierleben, 1882–87)

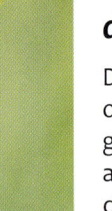

Zwölfpunkt-Spargelkäfer

Zwölfpunkt-Spargelkäfer (*Crioceris duodecimpunctata*)

Die Zwölfpunkt-Spargelkäfer sind etwa 5 bis 7 mm lang, rötlich-orange gefärbt und besitzen schwarze Fühler. Auf ihren Deckflügeln befinden sich je sechs schwarze Punkte. Die Weibchen legen ab Mai ihre Eier an der Spargelpflanze ab. Die Larven fressen sich dann zirka zwei Wochen voll, schädigen dabei die Spargelpflanze und verpuppen sich. Die nachfolgende zweite Käfergeneration wird dann ab August aktiv und konzentriert sich auf die Beeren der Spargelpflanze.

Gemeines Spargelhähnchen

Gemeines Spargelhähnchen (*Crioceris asparagi*)

Das gemeine Spargelhähnchen tritt ab April auf. Sowohl die Larven als auch die Käfer selbst ernähren sich vom Spargelkraut und den Spargelsprossen. Sie werden erst bei stärkerem Befall problematisch und sind insbesondere bei Jungpflanzenanlagen „nicht sehr willkommen“.

Die Spargellaus (*Brachycorynella asparagi*)

Die Spargellaus wird zu einem zunehmenden Problem im Spargelanbau. Sie hat sich auf eine Wirtspflanze spezialisiert, und das ist gerade der Spargel. Ein Befall ist daher herdartig. Das Schadbild der Pflanze zeigt eine blaugrüne Verfärbung der Triebe. In weiterer Folge kann es zu vermindertem Wurzelwachstum kommen, was im Folgejahr zu geringeren Austrieben führt. Die Ausscheidungen der Läuse wirken als Pflanzentoxine und bewirken im Extremfall einen „bonsaiartigen“ Wuchs. Die Spargelpflanze wird durch den Befall dieses Schädlings geschwächt und ist auch für andere Spargelkrankheiten anfälliger. Einem Lausbefall kann man vorbeugen, indem man das Feld im Herbst von Pflanzenrückständen befreit und zu Beginn des Frühjahrs Bodenbehandlungen durchführt.

Nicht parasitäre Krankheiten beziehungsweise Qualitätsmängel

Hohle Spargelstangen

Das Auftreten von Hohlräumen ist stark sortenabhängig. Sie können aber auch durch eine unregelmäßige Wasser- und Nährstoffzufuhr sowie durch ein übermäßiges Wachstum verursacht werden.

Holzige Spargelstangen

Die Verholzung beginnt von unten nach oben und spielt sich nicht nur im Schalenbereich ab, sondern auch im Inneren des Marks. Kalte Witterung, mangelnder Schutz vor Feuchtigkeitsverlust und schlechte Lagerung können diesen Prozess fördern.

Rostige Spargelstangen

Die rostige Verfärbung muss unbedingt vom Spargelrost (*Puccinia aparagi*) unterschieden werden. Nasse und kalte Böden führen zu unregelmäßigen rostbraunen Verfärbungen, die nur eine optische Beeinträchtigung darstellen. Hier gilt das Expertenurteil. Im Zweifelsfall sollte jedoch immer an einen Schimmelpilzbefall gedacht werden.

Rote Spargelstangen

Trockener und warmer Boden hingegen führt zu einer rötlichen Verfärbung der Spargelstangen. Dies kann auch nach der Ernte bei schlechter Lagerung durch Licht- und Wärmeeinfluss passieren.

Spargelanbaugebiete und Spargelproduktion weltweit

Spargel info

Link:
www.iser.at

Die Spargelproduktion ist seit jeher einem permanenten Wandel unterworfen. So gibt es immer wieder neue Gebiete, die für den Spargelanbau neu oder wieder entdeckt werden, aber auch traditionelle Anbaugebiete, die sukzessive ihre Bedeutung verlieren. Ein Grund dafür sind die immer augenscheinlicher werdenden Klimaveränderungen, aber auch die Änderungen der kulinarischen Vorlieben der Menschen.

Eine Auflistung der weltweiten Spargelgebiete sowie aktuelle Zahlen bezüglich der weltweiten Spargelproduktion finden Sie auf der nebenstehenden Internetadresse.

Spargel im Wandel der vier Jahreszeiten

Der heimische Spargel bereichert unsere Nahrungsmittelauswahl von Ende März bis Ende Juni. Der Ort seines Ursprungs – das Spargelfeld – ist dem Einfluss der Jahreszeiten unterworfen. Die sichtbaren Veränderungen dieses Naturschauspiels liefern eindrucksvolle und farbenprächtige Bilder. Die agrikulturbedingten Arbeitsschritte führen zu geometrischen Formen, die sich harmonisch in das Landschaftsbild integrieren.

Frühling

Wenn mit zunehmender Temperatur, die Erde trocken wird, kann mit dem Fräsen der Spargeldämme begonnen werden.

Brauntöne dominieren vorerst, doch schon bald zeigen sich Risse in der Erde und die ersten Spargelspitzen lugen hervor.

Sommer

Erst im Sommer, wenn die Erntezeit vorüber ist, zeigt sich die Spargelstaude in voller Blütenpracht.

Herbst

Beeindruckende Grün- und Gelbtöne dominieren das Spargelfeld und das buschige Spargelkraut wiegt sanft im Herbstwind.

Winter

Die klirrende Kälte der winterlichen Raunächte zeigt sich eindrucksvoll in der Bildung von Eis- und Schneekristallen. Verspielt wirkt das Leuchten der feuerroten Spargelbeeren.

Inhalts- und Wirkstoffe des Spargels

Inhalts- und Wirkstoffe des Spargels

Im Rahmen der Arbeiten zu diesem Buch wurden zahllose alte Bücher durchgesehen und Archive konsultiert, aber auch die zeitgenössische Literatur ist ausführlich gewürdigt. Ebenso erfolgte eine vertiefte Betrachtung aktueller wissenschaftlicher Studien. So entstand ein umfassendes Bild zu den Wirk- und Inhaltsstoffen des Spargels, die nachfolgend übersichtlich in tabellarischer Form präsentiert werden. Wo es eruierbar war, erfolgt eine Angabe, in welchem Pflanzenteil beziehungsweise in welchem Wachstumsstadium die jeweilige Substanz vorkommt. Es wird auch angeführt, welche Wirkweisen als Arzneimittel bekannt beziehungsweise in alten Schriften beschrieben sind. Vereinzelt finden sich auch die Effekte der jeweiligen Substanz auf die Spargelpflanze selbst beschrieben.

Die Auflistung hat informativen Charakter und soll zu weiteren Forschungen anregen. Es sei daher betont, dass Spargel mit seinen beschriebenen Wirkweisen nicht als Ersatz eines klassisch naturwissenschaftlichen Therapieregimes fungieren soll, sondern als wirksame oder alternative Ergänzung betrachtet werden kann. Grundsätzlich wird generell von einer Therapie ohne fundierte ärztliche Diagnose abgeraten. Unbestritten ist jedoch die Tatsache, dass die Pflege der Spargelkultur einen wertvollen Beitrag zu einer gesundheitsbewussten Lebensweise leisten kann.

Spargel info

Links:

http://www.whfoods.com/genpage.php?tname=nutrientprofile&dbid=99#nb

http://nutritiondata.self.com/facts/vegetables-and-vegetable-products/2312/2

Die Konzentration der Inhaltsstoffe hängt vom Klima, vom Standort und der Bodenbeschaffenheit, aber auch von Ernte- und Lagerungsfaktoren ab. Dadurch erklären sich auch die in der Literatur oft sehr abweichenden Angaben. Prinzipiell kann man sagen, dass Spargel einen hohen Wasser-, Vitamin- und Mineralstoffgehalt hat. Er ist sehr fettarm und hat nur wenige Kilokalorien. Der chlorophyllhaltige grüne Spargel ist nährstoffreicher als der Bleichspargel.

In 100 Gramm essbarem Anteil finden sich die in der nebenstehenden Tabelle aufgelisteten Nährwerte und Inhaltsstoffe. (Auf die allgemeine Wirkung von Vitaminen, Elektrolyten, Spurenelementen etc. wird hier nicht gesondert eingegangen. Diesbezüglich wird auf die einschlägige Fachliteratur verwiesen.) Eine detaillierte Nährstoffanalyse finden Sie unter den Links des Spargel-Info-Kastens.

Nährwerte und Inhaltsstoffe (in 100 g essbarem Anteil)

Energiewert	17 kcal oder 71 kJ
Wasser	92,9 g
Proteine	2,1 g
Fette	0,1–0,2 g
Kohlenhydrate	2,9–4,1 g
Mineralstoffe	0,7 g **Bemerkung:** Die Dicke des Spargels hängt auch mit dem Mineralstoff- und Elektrolytgehalt zusammen.
Faser- und Ballaststoffe (Zellulose, Lignin)	0,8–1,8 g
Vitamin A	4 µg
Vitamin B_1	0,1–0,3 mg
Vitamin B_2	0,1–0,2 mg
Vitamin B_6	0,05 mg
Vitamin C	21 mg **Bemerkung:** der Vitamin-C-Gehalt nimmt von der Basis zur Spitze zu (16–56 mg/100 g). Die Epidermis, also die Außenschale, ist reicher an Vitamin C als das Markgewebe!
Vitamin E	Spuren
Vitamin K	Spuren
Folsäure	0,1 mg
Niacin	1 mg
Pantothensäure	0,6 mg
Nikotinsäure	0,5 mg
Carotinoide	0,03 mg

Stickstoff	280–350 mg
Phosphor	35–62 mg
Kalium	187–280 mg
Calcium	20–22 mg
Chrom	0,6–7 ppm
Magnesium	19–22 mg
Natrium	2–4 mg
Nickel	20–50 ppm
Zinn	50–125 ppm
Mangan	40–60 ppm
Eisen	70–120 ppm
Asparagin	0,004–0,04 mol/l
Purine	35 mg
Ferulasäure und Ferulasäure-β-Glucosid	bis zu 6 ppm
p-Cumarsäure und p-Cumarsäure-β-Glucosid	bis zu 2 ppm
m-Cumarsäure	< 2 ppm
2,3-Dihydroxybenzoesäure	< 2 ppm
Vanillinsäure	< 2 ppm
Protocatechusäure	< 2 ppm
2,4,6-Trihydroxybenzoesäure	< 2 ppm
Gallussäure	< 2 ppm
Dimethylsulfid	ca. 28 ppm

Legende: kcal= Kilokalorien, kJ= Kilojoule, g = Gramm, mg = Milligramm, µg= Mikrogramm, mol/l= Mol pro Liter, ppm= parts per million

Wirkstoffe des Spargels

Substanz*	Vorkommen**	Wirkung auf die Pflanze	Medizinische Wirkung	Bemerkung
Absissinsäure (ABA)	Knospen und Spargel-spitzen	wachstumshemmend		Höchster Gehalt im März/April, August und Dezember
Anthocyane: Cyanidin-3-Rhamnosyl-glucosylglucosid Cyanidin-Rhamnosyl-glucosid Päonidin-Glykoside				Wasserlösliche Pflanzenfarbstoffe, die für eine rote, violette, blaue oder blauschwarze Färbung verantwortlich sind
Arginin	Wurzel			Aminosäure
Arsen	Spross			
Asparagin	Wurzel, Spross			Molekularformel: $C_4H_8N_2O_3$ 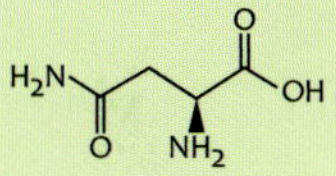 **asn** n Asparagin rel. Molekulargewicht: 132,12 Isoelektrischer Punkt (pH): 5,41
Asparagosin	Wurzel			Fructpolysaccharid
Aspargusinsäure		wachstumshemmend		
Asparagyl- und Glutanyl-peptide	Im rohen Spargel!!			Aminosäure
Auxine (β-**Indolyl-essigsäure)**	In den wachsenden Sprossen			
Azetidin-2-Carbonsäure		Schutzfunktion gegen Pflanzenfresser		Aminosäure
Cholin	Wurzel			
Chlorophyll				entwickelt sich erst durch Lichteinwirkung Chlorophyll a:b = 3,5:1
Chelidonsäure				

*** In alphabetischer Reihenfolge, ** Wenn keine Angabe erfolgt, betrifft es die ganze Pflanze oder es kann nicht spezifiziert werden.**

Wirkstoffe des Spargels				
Substanz*	**Vorkommen****	**Wirkung auf die Pflanze**	**Medizinische Wirkung**	**Bemerkung**
Coniferin	Spargelspitze und Wurzel			ist für die Verholzung verantwortlich 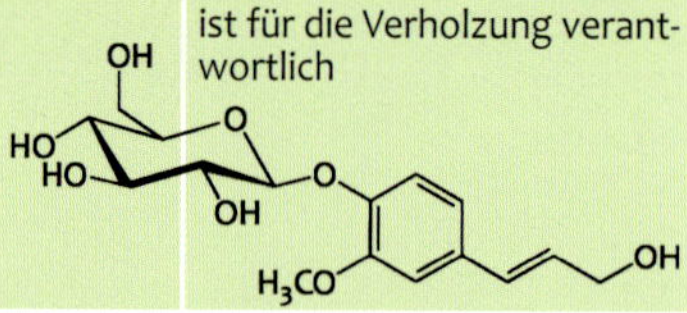
Dihydroasparagusinsäure		wachstumshemmend		
Dihydroxyphenylalanin (DOPA)	Spargelspitze und Speicherwurzeln			
Ferulasäure und Ferulasäure-β-Glucosid				bis zu 6 ppm
Gallussäure				< 2 ppm
Gibberelline	In den wachsenden Sprossen			
Histidin	Spross			
Isoleucin				Aminosäure
Inosit	Wurzel, Spross			Cyclohexanhexol, (= sechswertiger, zyklischer Alkohol) Strukturformel: 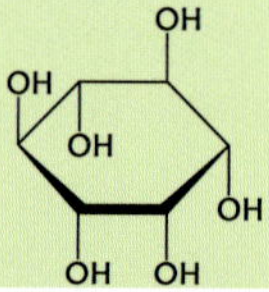
Kaffesäure	Wurzel			
Kaempferol	Wurzel		Spielt Rolle bei Apoptose von Krebszellen, antimikrobielle, antientzündliche, kardio- und neuroprotektive, analgetische und anxiolytische Wirkungen.	Phytoöstrogen

Wirkstoffe des Spargels				
Substanz*	**Vorkommen****	**Wirkung auf die Pflanze**	**Medizinische Wirkung**	**Bemerkung**
Kohlenhydrate				
Glukose, Fructose und Saccharose				In einer Grünspargelpflanze nimmt der Zuckergehalt von der Basis zur Spitze ab!!
Linol- und Linolensäuren				Höchster Gehalt im Spargelsamen!
Fructane				Diese niedermolekularen Kohlenhydrate werden zunehmend im Herbst gefunden.
Inulin	Wurzel			Kann bei empfindlichen Menschen zu Flatulenzen führen.
Kestose, Neokestose, Nystose, Tri-, Tetra-, Penta- und Hexasaccharide, Raffinose	Wurzel			In Spuren enthalten.
Mannane	Wurzel			Begleitstoffe der Cellulose
Lignin		Faserstoff, an der Verholzung (Lignifizierung) beteiligt		
Zellulose, Hemizellulose		Faserstoff		
m-Cumarsäure				
N-Carboxymethylserin	Spross			Aminosäure
Nicotilflorin (Kämpferol-3-Rutinosid)				
Organische Säuren***				
Zitronensäure				Hauptsäure
Apfelsäure				Hauptsäure
Bernsteinsäure	Spross			
Fumarsäure				
Chinasäure				
Isocitronensäure				
Oxalsäure				Kommt nur an Calcium gebunden in Form von Raphiden vor (Raphiden= nadelförmige Kristalle, die in Pflanzenzellen eingelagert sind).

*** **Bemerkung:** Der Säuregehalt nimmt zu, sobald der Chlorophyllgehalt zunimmt, er hängt aber auch vom Ernteverfahren und vom Klima ab. Der Säuregehalt steigt von der Basis zur Spitze an.

Wirkstoffe des Spargels

Substanz*	Vorkommen**	Wirkung auf die Pflanze	Medizinische Wirkung	Bemerkung
p-Cumarsäure und p-Cumarsäure-β-Glucosid				
Palmitinsäure	Spross			
Phenylalanin				Aminosäure
Prolin				Aminosäure
Protocatechusäure (3,4-Dihydroxybenzoesäure)			potentes Antioxidationsmittel	
Pseudoasparagose	Wurzel			
Rutin (Flavonolglykosid) **oder Quercetin-3-Rutinosid**	In stark gefärbten Spargelköpfen, im Grünspargel und im Spargelkraut.		Hilft bei kapillaren Blutungen, Strahlenschutzwirkung (bei Bestrahlungen!).	Verursacht dunkle Verfärbungen bei dosenkonserviertem Grünspargel.
S-Acetyldihydroasparagusinsäure		wachstumshemmend		
Sapogenine und Saponine				
Furostanol, Spirostanolglykoside, Sarsasaponin, Diosgenin, Yamogenin			Saponine werden für die harntreibende Wirkung des Spargels mitverantwortlich gemacht.	Diese Stoffe sind für den bitteren Geschmack des Spargels verantwortlich!
Sapogenine und Saponine: Officialismin I und II				Bitterstoffe der Speicherwurzeln
Asparagosid E = (5β,25S)-Furostan-3β,22α,26-triol 3-O-[β-D-Glucopyranosyl-(1→3)-β-D-Glucopyranoside]-26-O-β-D-Glucopyranoside	Wurzel		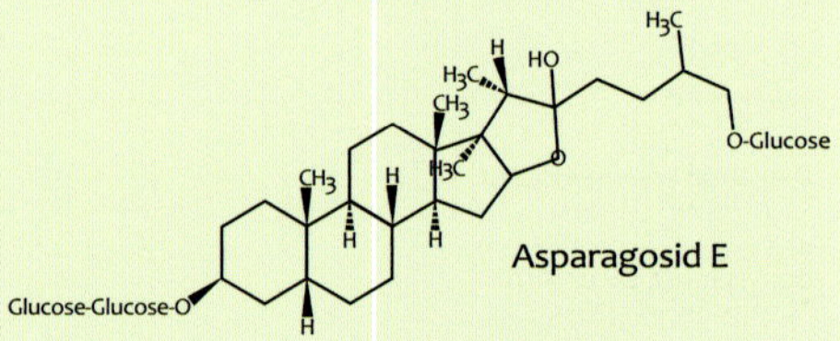	Summenformel: $C_{46}H_{78}O_{19}$ Molmasse: 935,1 g/mol Asparagosid E
Asparosaponin I und II				Asparosaponin I fehlt beim Grünspargel weitgehend, wodurch er eher süßer schmeckt.

Wirkstoffe des Spargels				
Substanz*	**Vorkommen****	**Wirkung auf die Pflanze**	**Medizinische Wirkung**	**Bemerkung**
Steroidsaponine bzw. Steroidale Glykoalkaloide: z.B. (25S)-5β-Spirostan-3β-ol-3-O-β-D-Glucopyranosyl-(1,2)-[β-D-Xylopyranosyl-(1,4)]-β-D-Glucopyranosid (25S)-5β-Spirostan-3β-ol-3-O-β-D-Glucopyranosyl-(1,2)-β-D-Glucopyranosid (25S)-5β-Spirostan-3β-ol-3-O-α-L-Rhamnopyranosyl-(1,2)-[α-L-Rhamnopyranosyl-(1,4)]-β-D-Glucopyranosid (25S)26-O-β-D-Glucopyranosyl-5β-Furost-20-ene-3β,26-diol-3-O-β-D-Glucopyranosyl-(1,2)-β-D-Glucopyranosid Yamogenin β-Sitosterol Sitosterol-β-D-Glucosid	Wurzel	Defensivstoffe gegen Pilzbefall und Insektenfraß	Entzündungshemmende, harntreibende, schleimtreibende/schleimlösende und hormonstimulierende Eigenschaften	
Schwefelhaltige Verbindungen und Aromastoffe				
S-(2-Carboxy-n-popyl)cystein und S-(1,2-Dicarboxyethyl)cystein (S-substituierte Cysteinderivate)	Im rohen Spargel			
S-Methylmethionin	Im rohen Spargel			
1,2-Dithiolan-4-Carbonsäure (Asparagusinsäure) und deren Methylester		Wachstumshemmend, nematizid und allelopathische Effekte		Gilt als Hauptaromakomponente des rohen Spargels!
Di-Isobuttersäuredisulfid, 1,2,3-Trithian-5-Carbonsäure (1,2,3-Trithian-5-Carboxylsäure), Di- und Tri-Mercaptoisobuttersäure				Spargel stellt einen Ausnahmefall im Pflanzenreich dar, weil schwefelhaltige Aromastoffe in seinen Zellen gebildet werden. Normalerweise werden derartige Aromastoffe erst durch mechanische Zerstörung des Gewebes gebildet.
3-Isopropyl-2-Methoxypyrazin				Aromakomponente

Wirkstoffe des Spargels				
Substanz*	**Vorkommen****	**Wirkung auf die Pflanze**	**Medizinische Wirkung**	**Bemerkung**
Dimethylsulfid				Hauptaromakomponente des gekochten Spargels
Weitere Aromastoffe im gekochten Spargel				
Asparagusinsäure-methylester Methylpyrazin 2,6-Dimethylpyrazin Furfurylalkohol 3-Hydroxy-2-Butanon Pentanol Hexanol 1-Octen-3-Ol 2-Hexenol 2-Heptenol 2-Octenol 2,4-Heptadienol Benzylalkohol 2-Phenylethanol 4-Vinylphenol 4-Vinylgujacol Vanillin 2-Oxo-4-Methylpentasäure				
Threonin				Aminosäure
Tryptophan	Spross			Aminosäure
Tyrosin	Spargelspitze und Speicherwurzeln			
Valin				Aminosäure
Vanillinsäure				
Zeaxanthin				Orangegelber Farbstoff
2,3-Dihydroxybenzoe-säure				
2,4,6-Trihydroxybenzoe-säure				
22-Spirostan-3beta-ol,4-Vinyl-Guaiacol	Spross			

Medizinische Aspekte und Anwendungen des Spargels

Medizinische Aspekte und Anwendungen des Spargels

„So seyndt doch die Künst und die Lehr nicht alle verschlossen in Eines Vaterland, sondern sie seyndt ausgetheilet durch die gantze Welt. Nicht dass sie in einem Menschen seyn allein oder an einem Orth: Sondern sie müssen zusammengeklaubt werden, genommen und gesucht da, wo sie seyndt"

Paracelsus

Spargel ist hinsichtlich seiner medizinischen Anwendbarkeit heutzutage eine eher unterschätzte Heilpflanze. Dies mag vor allem damit zusammenhängen, dass der Focus der modernen Forschung nicht im Bereich der Pflanzenheilkunde und Naturmedizin liegt. So schreibt beispielweise Rainer Nowack in einer wissenschaftlichen Abhandlung aus dem Jahr 2006, dass die phytotherapeutisch interessanten Inhaltsstoffe des Spargels bis dato kaum charakterisiert sind. Aktuelle Analysen der Inhaltsstoffe und ihrer Wirkungen liegen beinahe ausschließlich für nichteuropäische Asparagus-Arten vor.

Abul Asan al-Muchtar ibn Botlan mit zwei Schülern

Wir würden uns sehr freuen, wenn das vorliegende Buch diesbezüglich auch als Stimulus und Motivation zu weiteren Forschungsarbeiten verstanden wird.

Spargel ist, wie bereits beschrieben, eine wichtige Kulturpflanze, die den Menschen schon seit Urzeiten als Leckerbissen und Heilpflanze begleitet. Die in der Pflanze schlummernden Heilkräfte sind mit ein Grund für die weltweite Verbreitung und Verwendung.

Der römische Gelehrte Gaius Plinius Secundus Maior (ca. 23–79), kurz Plinius der Ältere genannt, schrieb in seinen berühmten

Briefen auch über Heilanwendungen der Spargelpflanze. Die erste medizinische Monografie aus unseren Breitengraden stammt von Oribasius (ca. 325–403), der u.a. auch Leibarzt des römischen Kaisers Julian Apostata war. Oribasius verarbeitete in seiner 72-bändigen Enzyklopädie Texte von Galen und anderen Ärzten der Antike.

Um das Jahr 1100 beschrieb Simeon Seth, ein Arzt aus Byzanz, den Spargel als Heilpflanze, wobei erstmals altorientalische und arabische Quellen berücksichtigt wurden. Ebenso verfasste der christliche Arzt und Theologe Abul Asan al-Muchtar ibn-Botlan (auch Ububchasym de Baldach, Albushasis oder Ellucasim Elimittar genannt) zu dieser Zeit eine Gesundheitsschrift (Takwim al-sihha oder Theatrum Sanitatis). In diesem Werk beschrieb er fast hundert Früchte, Pflanzen und Gemüse (darunter auch Spargel), tierische Erzeugnisse, Prinzipien der Hygiene sowie die seiner Meinung wichtigen Gesundheitsfaktoren: Essen und Trinken, Bewegung und Entspannung, Klima, Fröhlichkeit, Schmerz und Trauer, Schlaf und Wachsamkeit. Weniger rühmlich ist, dass er auch einen Leitfaden für den Kauf von Sklaven verfasste …

Über 400 Jahre später beschrieb der Botaniker Hieronymus Bock (um 1498–1554, s. Abbildung) in seinem Kräuterbuch, dass *„die jungen Spargeldolden dem Koch in der Küche gehören und die Samen und Wurzeln dem Apotheker und Arzt“*.

Erwähnenswert ist auch die im Jahre 1841 von Johann Heinrich Dierbach (1788–1845) verfasste *Synopsis Materiae Medicae oder Versuch einer systematischen Aufzählung der gebräuchlichsten Arzneimittel*, in der Spargelrezepturen und Anwendungsmöglichkeiten beschrieben sind. Das Buch ist ein gutes Beispiel für die Hochblüte der Pflanzenheilkunde im 19. Jahrhundert, da nun auch auf universitärer Ebene geforscht wurde.

Aktuell ist der Spargelwurzelstock (*Asparagi officinalis rhizoma*) in einer Monographie der Europäischen Kommission als Heilmittel positiv bewertet worden, die medizinische Anwendung der anderen Pflanzenteile jedoch noch nicht. Der Däne Erik Gotfredsen arbeitet seit geraumer Zeit am Aufbau eines Online-Projektes mit dem Titel *Liber Herbarum II*. Das von ihm auch *Unvollständiger Referenzguide für Arzneipflanzen und Heilkräuter* genannte Werk befindet sich in

ständiger Erweiterung und Aktualisierung und wird in seiner Bedeutung von der Fachwelt bis dato noch viel zu wenig gewürdigt.

Erfreulicherweise werden die gesundheitlichen Vorteile des Spargels allmählich wiederentdeckt. Immer mehr medizinische Leitlinien berücksichtigen die Wichtigkeit eines gesunden Lebensstils, zu dem auch eine adäquate Esskultur gehört. Der Spargel eignet sich als wohlschmeckender Botschafter dieser zukunftsorientierten und zugleich gesundheitswirksamen Lebensphilosophie.

Wirkung und Indikation des Spargels

In der Heilkunde werden prinzipiell sämtliche Pflanzenteile arzneilich verwendet. So auch beim Spargel: der Wurzelstock beziehungsweise die Wurzel (Rhizoma, Radix), die Keimlinge beziehungsweise Schößlinge (Turiones), die Beeren (Baccae) und auch die Samen (Semen) oder das Kraut (Herba).

Die nachfolgenden Rezepturen, Dosierungsanweisungen und Applikationsformen erfolgen ohne Gewähr und ersetzen keinen Arzt. Beachten Sie unbedingt, dass generell **keine** Therapie **ohne** eine exakte ärztliche Diagnose erfolgen sollte.

Wirkung bzw. Indikation	Pflanzenteil/Substanz oder Spargelart*	Literatur	Bemerkung
■ Stärkende und verjüngende Wirkung ■ Positive Wirkung auf das Gedächtnis und die Intelligenz ■ Förderung der Abwehrkräfte und der Jugendlichkeit ■ Beruhigende und kräftigende Wirkung ■ Positive Wirkung auf Atmung, Kreislauf, weibliche Geschlechtsorgane und Verdauung ■ Magengeschwüre und Übersäuerung ■ Appetitanregend, aphrodisierend, entwässernd, entzündungshemmend, milchbildend, wundheilend ■ Regt Samenproduktion an ■ Bei Unfruchtbarkeit, Menstruations- und Wechseljahresbeschwerden ■ Steigerung der Libido ■ Gutes Tonikum während der Schwangerschaft Außerdem ■ Äußerlich bei Hautkrankheiten und zur Wundbehandlung	*Asparagus racemosus* (Shatavari), Radix	Altindische Schriften, Ayurveda	Wird auch „Ginseng der Frauen" genannt. In der ayurvedischen Medizin wird Shatavari in 67 unterschiedlichen Präparationen angewandt.
Verdauungsprobleme äußerlich zur Wundbehandlung	Radix	Aborigines in Australien (mündlich überliefert)	
„Stopfendes Mittel"	Radix	Hippokrates	
Prophylaxe gegen Bienen- und Wespenstiche	*Asparagus officinalis*	Plinius	Als Körperöl zubereitet (Buch 20, Kapitel 42)
■ Hämaturie ■ Schlangenbisse ■ Zahnschmerzen	*Asparagus racemosus*	Plinius	Buch 20, Kapitel 43

* Wenn die Spargelart nicht genannt ist, handelt es sich um Asparagus officinalis, oder die genaue Spargelart ist nicht bekannt.

Wirkung bzw. Indikation	Pflanzenteil/Substanz oder Spargelart*	Literatur	Bemerkung
■ Hämoglobinämie (Rote Ruhr, Harnwinde) ■ Ikterus ■ Nieren-Blasenleiden ■ Hüftschmerzen	Radix	Lonicerus 1564	
■ Baucherweichend, expektorierend, ■ Diuretisch	Sprossen	Lonicerus 1564	
Blutreinigungsmittel	Radix	von Haller 1755	Spargelwurzel gehört zu den fünf großen eröffnenden Wurzeln.
■ Nierenverschleimung ■ Nierengrieß	Sprossen	von Haller 1755	
Diuretikum	*Asparagus officinalis* Baccae, Semen asparagi	Volksmedizin	Die Beeren schmecken angeblich „süßlich und widrig schärflich“ und werden in getrockneter Form verabreicht. Heutzutage wird von einem Verzehr jedoch eher abgeraten.
Hartnäckiges, dauerndes Erbrechen	*Asparagus officinalis* Semen asparagi	Vogt 1832	0,5–1 g pulverisierter Spargelsamen mehrmals täglich
Sedativum	*Asparagus officinalis* *Asparagus amarus*	Sobernheim 1840	Sirup
Diuretikum	*Asparagus officinalis*	Jeaffreson 1855	Spargeltinktur
■ Anasarka (Hautwassersucht) ■ Chronische Exantheme, insbesondere Tinea faciei lactea, Crusta lactea (Milchschorf) ■ Arthritis urica (Gicht) und Rheumatismus	*Asparagus officinalis*	Clarus 1860	

Wirkung bzw. Indikation	Pflanzenteil/Substanz oder Spargelart*	Literatur	Bemerkung
■ Diuretikum und Blutreinigungsmittel ■ Wassersucht (Hydrops) ■ Steinleiden ■ Gelbsucht ■ Herzklopfen und Husten mit blutigem Auswurf ■ Gicht ■ Anämie ■ Zuckerkrankheit ■ Grippale Infekte	*Asparagus officinalis*, Frischpflanzentinktur (Asparagi rhizoma)	Volksmedizin, Homöopathie	Bei Gicht wird der Genuss von täglich 1/2 kg Spargel angeraten. Cave: Podagra-Kranke sollen keinen Spargel essen, da Anfälle hervorgerufen werden.
Nephrolithiasis	*Asparagus officinalis*	Leclerc 1927	Kann Nierensand und Nierensteine auflösen.
Erhöhung des Gasstoffwechsels Erhöhung des Grundumsatzes um 15–30 %	Asparaginsäure	Barbato 1933	Effekt klingt nach 5 Stunden wieder ab.
Diuretikum	*Asparagus officinalis*	Meyer 1935	
Hyperemesis	Spargelsamen (Semen)	Meyer 1935	Spargelsamen pulverisiert in Gaben von 0,5–1 g mehrmals täglich.
Chronisches Ekzem	Spargelsprossen (Turiones)	Meyer 1935	Aufguss
Untergewicht und Adipositas	*Asparagus officinalis*	Volksmedizin	„Mit Sauce Hollandaise macht der Spargel abgemagerte Menschen wieder kräftiger und ohne Saucen hilft er dicken Menschen beim Abspecken".
■ Erkrankungen des rheumatischen Formenkreises bei Kindern ■ Aphrodisiakum ■ Leber-, Milz- und Lungenleiden ■ Vertigo (Schwindel) ■ Zahnschmerzen	*Asparagus officinalis*	Volksmedizin	
■ Retentio urinae ■ Zystitis	*Asparagus officinalis*	Madaus 1938	

Wirkung bzw. Indikation	Pflanzenteil/Substanz oder Spargelart*	Literatur	Bemerkung
Nieren- und Blasenerkrankungen	*Asparagus officinalis* Zubereitungen aus dem Rhizom	Madaus 1938	Es ist unbedingt auf eine ausreichende Flüssigkeitszufuhr zu achten.
Chronische Blasenleiden bei Männern	Asparagus D 2	Janke	Homöopathische Anwendung
■ Prostatahypertrophie ■ Impotenz (nicht ununterbrochen)	*Asparagus officinalis*	Madaus 1938	Als Wechselmittel werden *Sabal serrulata* und *Cubeba* gebraucht.
Blutbildung (rote Blutkörperchen)	*Asparagus officinalis*, Turiones et Semen	Volksmedizin	
Entzündungshemmende Effekte bei akuten und chronischen Hautentzündungen	Extrakt von *Asparagus cochinchinesis*	Lee et al. 2009	
Dyspepsie mit und ohne Ulcus	*Asparagus racemosus*	Sairam et al. 2003 Bhatnagar et al. 2006 Pandey et al 2009	
Antibakteriell	*Asparagus racemosus*	Mandal et al 2000	
Antiinflammatorisch	*Asparagus racemosus*	Lee et al. 2009	
Anticancerogen	*Asparagus racemosus*, Wurzelextrakt	Agrawal 2008 Liu et al. 2009	
Antioxidant	*Asparagus racemosus*	Kamat et al. 2000 Wiboonpun et al. 2004 Visavadiya et al. 2009	
Antitussiv	*Asparagus racemosus*	Mandal et al. 2000	
Immunmodulierend und immunaktivierend	*Asparagus racemosus*	Gautam et al. 2004 Gautam et al. 2009	
Reduktion der Blutglukose	*Asparagus racemosus*, Wurzelextrakt	Hannan 2007	
Antiprotozoikum	*Asparagus africanus*	Oketch-Rabah et al. 1997	Hemmt das Wachstum von Leishmania-major-Promastigoten, mäßige Hemmung von Plasmodium falciparum.

Wirkung bzw. Indikation	Pflanzenteil/Substanz oder Spargelart*	Literatur	Bemerkung
Antitumorale Eigenschaften	Spargelsprosse Spargelwurzel	Shao et al. 1996 Shao et al. 1997 Yang et al. 2004	Saponine des rohen Spargels zeigen zytostatische Effekte auf leukämische HL60-Zellen bzw. Ovarialzellcarcinom-Zellen des Typs HO-8910.
■ Zytotoxische Effekte ■ Hemmung des TNF-alpha	*Asparagus cochinchinensis*, Wurzelextrakte	Koo et al. 2000	Der Spargelextrakt hemmte auch die TNF-alpha-induzierte Apoptose von Hep G_2 Zellen.
Diabetes Mellitus und blutlipidsenkend	Spargelstange	Zhao et al. 2011	Der ungenießbare untere Teil, der immer weggeschnitten wird!!!
Blase und ableitende Harnwege	Asparagus officinalis	Kapoor 1990 Gogte 2000 Jellin et al. 2000 Sharma et al. 2000 Williamson 2002 Pole 2006 Sitaram 2006	
Milderung von Nebenwirkungen bei Bronchial-Ca-Strahlentherapie (trockene Kehle, Ösophagitis, Bronchitis, Pneumonie und Obstipation)	*Asparagus cochinchinensis*	Traditionelle Chinesische Medizin (TCM)	Am besten in Kombination mit Bulbus Lilli (Bai He), Radix Glehniae littoralis (Sha Shen).
Multiple Sklerose	*Asparagus cochinchinensis*	Traditionelle Chinesische Medizin (TCM)	
Systemischer Lupus erythematosus	*Asparagus cochinchinensis*	Traditionelle Chinesische Medizin (TCM)	
Durchfall oder Verdauungsstörungen	*Asparagus racemosus*, Radix	Traditionelle Asiatische Medizin	Abkochung der Wurzel in Milch.
Bei Hautaffektionen	*Asparagus racemosus*, Folia	Traditionelle Asiatische Medizin	Die Blätter werden gekocht und mit Ghee (indischem Butterschmalz) eingerieben und dann auf die Haut aufgelegt.
Epilepsie und Gedächtnisstörungen	*Asparagus racemosus*, *Asparagus gonoclados*	Sharma 2000 Visavadiya 2005	

Wirkung bzw. Indikation	Pflanzenteil/Substanz oder Spargelart*	Literatur	Bemerkung
Diuretikum	*Asparagus officinalis*, *Herba*	Kranzberger et al. 2000	Hier wird das Spargelkraut verwendet.
Retentio urinae, Zystitis	*Asparagus officinalis*, Radix	Kranzberger et al. 2000	
Prophylaktische Maßnahme bei Nierengrieß	*Asparagus officinalis*, Rhizoma	Bäumler 2007	

Spargel in der Homöopathie

Die Asparagus-Konstitution ist durch ein krankhaftes und häufiges Urinieren mit Stechen im Bereich der Urethramündung gekennzeichnet. Nach dem Urinieren wird über ein Brennen in den Ureteren berichtet und die betroffenen Personen haben das Gefühl, als ob immer noch Harn abginge, obwohl kein Harnfluss mehr vorhanden ist. Der Urin riecht eigenartig beziehungsweise erinnert er an den Geruch von Katzenharn.

Die betroffenen Personen sind oft reizbar, missmutig und bei schlechter Laune. Ihr Gesichtsausdruck ist ängstlich-bedrückt, der Teint wächsern und bleich. Kinder mit dem Konstitutionstyp Asparagus möchten immer getragen werden.

Homöopathische Urtinktur des Spargels (*Asparagus officinalis*)

Die homöopathische Urtinktur wird aus jungen, frischen Spargelsprossen hergestellt. Asparagus ist ein sogenanntes „Kleines Mittel der Wahl“ bei starkem Schnupfen, der dadurch gekennzeichnet ist, dass ein dünnflüssiges, hell-weißliches Sekret aus der linken Nasenhöhle fließt. Später ist auch die rechte Nasenhöhle davon betroffen, es treten ein häufiger Niesreiz und ein Geruchsverlust auf. Drückende Schmerzen breiten sich von der Nasenwurzel über die Stirn bis zum gesamten Vorderkopfbereich aus.

Das Mittel wirkt auch bei Prostatahypertrophie und bei Hydrops durch Nierenerkrankungen sowie bei sichtbarem Herzklopfen mit Brustbeklemmung und Schulterschmerzen und Schmerzen unterhalb des Schlüsselbeins auf der linken, herzseitigen Körperhälfte.

Homöopathische Rezepturen

Samuel Hahhemann (1755–1843)

Homöopathische Urtinktur nach den Richtlinien des HAB (Homöopathisches Arzneibuch von Dr. Samuel Hahnemann):

Frische Sprosse (§ 1)

Dosierung	
Übliche Dosis:	■ 3–4 Esslöffel des Saftes täglich (nach Friedrich) ■ Kaltauszug von 60 g Spargel auf 1 l Wasser täglich ■ 2 Tropfen der Tinktur zweimal täglich (Dinand)
In der Homöopathie:	dil. D 1, dreimal täglich 10 Tropfen
Maximaldosis:	Nicht festgesetzt

Bemerkung: In der Komplexmittelhomöopathie wurden im 19. Jahrhundert die Sägepalme (*Serenoa repens* syn. *Sabal serrulata*) und der Kubeben- oder Schwanz-Pfeffer (*Piper cubeba*) als „Wechselmittel" im Sinne einer abwechselnden Anwendung eines Einzelmittels genannt.

Mittel zur Stärkung der Herztätigkeit und Erhöhung des Blutdrucks
(französische Vorschrift nach Dinand, modifiziert nach Madaus)

Rp.:	Asparagi Ø (Ø = homöopathische Urtinktur)	10,0
	Convallariae Ø	3,0

M.d.s.: Mehrmals täglich 5 bis 10 Tropfen

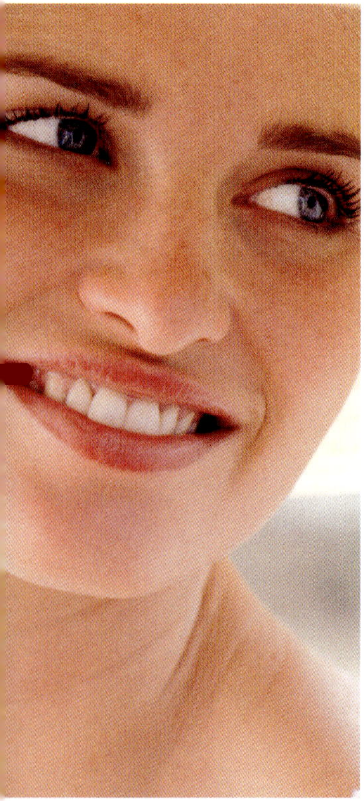

Spargel in der Kosmetik

Spargel wird auch als Bestandteil kosmetischer Produkte verwendet. Auf der Grundlage von Angaben der europäischen Kosmetikhersteller, vertreten durch die Europäischen Industrie-Verbände für Parfümerie- und Körperpflegemittel (COLIPA), wurde von der EU-Kommission eine Liste mit Bestandteilen kosmetischer Mittel erstellt, die keine Ausgangsstoffe für Riech- und Aromastoffe sind. Diese Liste deckt alle in Artikel 5a der Kosmetikrichtlinie vorgesehenen Rubriken ab: Identität, übliche Funktion(en) und Einschränkungen. Die Bestandteile sind in alphabetischer Reihenfolge aufgeführt, und zwar basierend auf den INCI-Bezeichnungen, die in ihrer Gesamtheit die gemeinsame Nomenklatur für die Etikettierung in der Europäischen Union darstellen.

Hinsichtlich des Spargels sind folgende Bestandteile registriert:

Bestandteil	Kosmetischer Effekt	Bemerkung
Asparagine, L-Asparagin	antistatisch	
Asparagus-officinalis-Extrakt	hautpflegend	Asparagus-officinalis-Extrakt wird aus Spargeltrieben und Spargelsprossen gewonnen
Asparagus-officinalis-Wurzel-Extrakt	hautpflegend	
Asparaginsäure	antistatisch	

Die gesamte Liste ist unter dem in der Spargel-Info angegebenen Link zu finden.

Link:
http://eur-lex.europa.eu/LexUriServ/LexUriServ.do?uri=CELEX:32006D0257:DE:NOT

Magistraliter-Rezepte

Die Pflanzenheilkunde gehört zu den ältesten medizinischen Therapien. Dabei wird die Pflanze als Ganzes oder es werden nur Pflanzenteile wie Stängel, Blüten, Blätter, Samen, Rinde und Wurzeln verarbeitet. Diese Arzneien werden als Aufguss-Tee, Tinkturen, Extrakte, Salben, ätherische Öle etc. verwendet. Inzwischen besinnt man sich auch wieder auf die Verwendung europäischer Kräuter, die auf eine lange Tradition in unserer Kultur zurückblicken können. Bei der Anwendung ist es sehr wichtig, mit „offenen Augen und Ohren" zu beobachten und das alte überlieferte Heilwissen mit medizinisch belegten Fakten in Verbindung zu bringen.

Asparagus officinalis

Soweit nicht anders verordnet, werden 45~60 g getrocknetes Rhizom als Tagesdosis empfohlen, die Zubereitungen entsprechend.

Aufguss-Tee: 45~60 g der geschnittenen Pflanze in 150 ml Wasser

Flüssiges Extrakt: 1:1 (g/ml): 45~60 ml

Tinktur: 1:5 (g/ml): 225~300 ml

Herzsedativum (Sirupus Asparagi)

Rp.:	Asparagi succus recenter paratus	175,0
	Sacch. albi	325,0
	Coque ad sirup.	

D.s.: 3 × täglich 1 Esslöffel

Andere Dosierungsempfehlungen sind: 20 bis 60 g pro Tag.

Diuretikum

- Rp.: **Diureticum Species Radicum Variante 1:**

  Rad. Apii graveol. (= Selleriewurzel)
  Rhiz. Asparagi (= Spargelwurzelstock)
  Rad. Foeniculi (= Fenchelwurzel)
  Rad. Rusci aculeati (= Mäusedornwurzel)
  Rad. Petroselini (= Petersilienwurzel) aa 20,0

  C.m.f. species.
  D.s.: 4 Teelöffel auf 2 Glas Wasser.

oder:

- Rp.: **Diureticum Species Radicum Variante 2:**

  Rad. Asparagi (Spargelwurzel)
  Rad. Rusci aculeati (= Mäusedornwurzel)
  Rad. Petroselini (= Petersilienwurzel) aa 30,0

  C.m.f. species.
  D.s.: 4 Teelöffel auf 2 Glas Wasser, kombiniertes Verfahren

oder:

- Rp.: **Sirupus quinque Radicum** (Port.):

Spec. Radicum (Port.)	25,0
Aquae ferventis	175,0
Sacchari	325,0

  Spec. Radicum und Aquae ferventis 24 Stunden infundieren, in der heißen Kolatur Sacchari auflösen.
  D.s.: 3 x täglich 1 Esslöffel voll.

oder:

- Rp.: **Diuretikum** (gemäß Französischem Arzneibuch):

Spec. Radicum (Port.)	25,0
Aquae ferventis	175,0
Sacchari	325,0

  Spec. Radicum und Aquae ferventis 24 Stunden infundieren, in der heißen Kolatur Sacchari auflösen.

Chronische Hautekzeme

Rp.: Fol. Juglandis (= Walnussblätter)
Rhiz. Calamagrostis lanc. (= Schilfrohrwurzelstock)
Turion. Asparagi (= Spargelschößlinge)
Rad. Taraxaci (= Löwenzahnwurzel) aa 25,0

C.m.f. species.
D.s.: 1 Esslöffel auf 1 Tasse Wasser abkochen, dreimal täglich 1 Tasse trinken.

Spargelwurzeltee

Diese belgische Rezeptur aus dem Jahr 1862 stammt von Armand Thielens, einem Mitglied der Königlichen Wissenschaftlichen Akademie.

Dosierung: Wurzelrhizom von Asparagus officinalis subsp. prostratus: 1 g mit 1 Liter Wasser 30 Minuten kochen.

Harntreibender Spargelwurzeltee

Hierbei handelt es sich um ein altes Hausmittel aus der traditionellen europäischen Heilkunde. Einen halben Esslöffel Spargelwurzel mit einem viertel Liter kaltem Wasser übergießen, kurz aufkochen lassen und abseihen. Davon werden täglich 1 bis 3 Tassen getrunken.

Dem Tee wird auch vorbeugende Wirkung gegen „Nierengrieß" zugeschrieben.

Spargelwurzeltee bei Blasenentzündung und Reizblase

Teezubereitung: 3 gehäufte Teelöffel Spargelwurzel in einem geeigneten Gefäß mit 300 ml kaltem Wasser übergießen erhitzen und abseihen.

Dosierung: täglich 3 Tassen Tee (am besten morgens, mittags, abends) und zusätzlich viel Wasser trinken.

Zur Optimierung der Wirkung sollte Spargelwurzeltee abwechselnd mit Brennnessel- und/oder Petersilienwurzeltee getrunken werden.

Spargelrezepte aus der *Synopsis materia medicae*

In der *Synopsis materia medicae* aus dem Jahr 1841 wurden von Johann Heinrich Dierbach (1788–1845) die zur damaligen Zeit gebräuchlichsten Arzneimittel zusammengefasst, die heute weitgehend in Vergessenheit geraten sind.

Hinsichtlich des Spargels werden folgende Anwendungen genannt:

Syrupus Asparagi conorum

„In einem Pfunde filtrirtem Safte von Spargeltrieben werden 30 Unzen Zucker im Wasserbade aufgelöst“. (Bemerkung: 30 Unzen entsprechen ca. 0,85 kg)

Dosierung: 1 Esslöffel 3- bis 4-mal pro Tag.

Extractum Asparagi turionum

„Der aus den Spargeltrieben gepresste Saft wird durch ein Tuch geseiht und abgeraucht, auch hat man ein Spargelextract aus dem frisch ausgepressten Safte der Wurzel bereitet.“

Species diureticae

„Gleiche Theile Wurzeln von Spargeln, Eppig (= Efeu)*, Petersilie, Mäusedorn und süssem Fenchel.“*

Empfohlene Anwendung bei Wassersucht, Steinbeschwerden, Herzkrankheiten, bei Milchschorf und Lähmung der Blase.

Diätetische Spargel-Anwendung

Ebenfalls aus der traditionellen europäischen Heilkunde stammt dieses kurze und prägnante Rezept: Der verholzte Spargel ergibt eine wohlschmeckende Diät-Suppe.

Bemerkung: Spargel eignet sich generell als unterstützende Maßnahme einer hypokalorischen Kost.

Spargelsirup mit Asparagus amarus

Von dem Apotheker Johnson aus Paris (1841) stammt diese Rezeptur:

- **Extrakt Nr. 1:**

  „Der Saft der jungen Triebe von Asparagus amarus wird ausgepresst, man lässt ihn aufkochen, zur Abscheidung des Eiweißes coliren und eindampfen.“

  Bemerkung: Coliren ist eine Form der Filtration.

- **Extrakt Nr. 2:**

  „Der Rückstand der Spargeltriebe in Nr. 1 sowie Zweige und Früchte von Asparagus amarus lässt man in Alkohol und Aether maceriren und die Colatur im Wasserbade destillieren, um den Alkohol und Aether abzuscheiden. Den Rückstand der Destillation dampft man zur Extractdicke ein und setzt diesem noch folgendes Extract hinzu. Man lässt Altheawurzeln mit Wasser maceriren, die Colatur zur Extractdicke eindampfen und das Extract mit Alkohol auskochen. Die geistige Auflösung wird destilirt und der Rückstand verdunstet.

  Zur Darstellung des Syrups werden nun
  Syrup. Liquirit. 500 g
  Extr. Nr. 1 23 cg
  Extr. Nr 2 23 cg
  genommen und diese Materie genau vermischt.“

Traditionelle Chinesische Medizin (TCM)

Auch in der chinesischen Medizin spielt Spargel als Heilpflanze eine große Rolle. Sie verwendet allerdings den chinesischen Spargel (*Asparargus cochinchinensis*) und hiervon zum überwiegenden Teil die Wurzel. Die Energie ist sehr kalt, der Geschmack süß und bitter, der Organbezug beziehungsweise die Meridianwirkung sind Lunge und Niere. Die Chinesen verwenden dieses Heilmittel bei Erschöpfungszuständen aufgrund einer Krankheit oder Operation, Husten mit dickem Schleim, trockener Haut und sonstigem Mangel an Lungen- und Nieren-Yin. Sie verwendet ihn nicht bei Verdauungsschwäche und chronischem Durchfall.

Spargel info

Weitere Informationen:
http://www.anshen.at

Tian Men Dong

(*Radix Asparagi*) nach Dr. Christopher Po Minar

Radix Asparagi ist eine kalte Wurzel, die in der TCM häufig bei Atemwegsinfekten dazu verwendet wird, Lungen-Hitze und Feuer zu klären. Sie nährt das Yin und befeuchtet Trockenheit.

Eine Anwendung erfolgt auch bei chronischen, fieberhaften Erkrankungen, die die Yin-Energie des Körpers schädigen. Außerdem kann das Mittel sehr gut bei Verstopfung aufgrund von Hitze und Trockenheit im Darm helfen. Eine weitere häufige Anwendung ist die Verschreibung von Tian Men Dong bei Halsschmerzen durch Nieren- oder Lungen-Yin-Mangel.

Dosierung: ca. 6 bis 15 g Tagesdosis in Dekoktform. Die Dosierung wird immer individuell an den Patienten und das Beschwerdebild angepasst.

Tian Wang Bu Xin Dan

(Emperor of Heaven´s Special Pill to Tonify the Heart)

Shu Di Huang (*Radix Rehmanniae*)	120 g
Xuan Shen (*Radix Scrophulariae*)	15 g
Tian Men Dong (*Radix Asparagi*)	30 g
Mai MenDong (*Radix Ophiopogonis*)	30 g
Dan Shen (*Radix et Rhizoma Salviae Miltiorrhizae*)	15 g
Dang Gui (*Radix Angelicae Sinensis*)	30 g
Ren Shen (*Radix et Rhizoma Ginseng*)	15 g
Fu Ling (*Poria*)	15 g
Suan Zao Ren (*Semen Ziziphi Spinosae*)	30 g
Wu Wei Zi (*Fructus Schisandrae Chinensis*)	30 g
Bai Zi Ren (*Semen Platycladi*)	30 g
Yuan Zhi (*Radix Polygalae*)	15 g
Jie Geng (*Radix Platycodonis*)	15 g

Die Rezeptur hat aus Sicht der TCM drei Hauptwirkungen:

- Sie nährt das Yin und tonisiert das Blut.
- Sie tonisiert das Herz und die Niere.
- Sie beruhigt den Geist.

Spargelpräparate

Aufgrund der zunehmenden Nachfrage nach Pflanzenheilmitteln reagiert der Markt auch mit der Produktion von speziellen Spargelprodukten. Als Ausgangsbasis dienen diverse Asparagus-Arten und Unterarten.

Der nebenstehende Link zeigt Beispiele für solche Präparate, die Asparagus officinalis als Alleinsubstanz oder in Kombination mit anderen Inhaltsstoffen enthalten.

Link:
http://www.med1.de/Apotheke/Wirkstoff/Asparagus-officinalis-(hom.-anthr.)/

Nebenwirkungen und unerwünschte Wirkungen

Wenn ein Heilmittel als „garantiert nebenwirkungsfrei" angepriesen oder verkauft wird, gibt es berechtigte Zweifel an der Wirksamkeit des Produktes beziehungsweise an der Seriosität und Kompetenz des betreffenden Anbieters. Oftmals handelt es sich dabei um zur Heilung berufene Personen, die ohne adäquate Ausbildung ihr Betätigungsfeld in der Phytotherapie, den vielen Varianten der Volksmedizin, aber auch in der Alternativ- und Komplementärmedizin suchen.

Ein anderer Problemfaktor ist die Tatsache, dass die sanfte Medizin in der klassisch-naturwissenschaftlichen Medizin und Pharmazie nur ein Randphänomen darstellt. Das diesbezügliche Wissen ist nicht Teil des Lehrstoffes und wird oftmals als altmodisch betrachtet.

Im Sinne einer ganzheitlichen Spargelkunde ist es daher wichtig zu wissen, dass bei einer Anwendung als Heilmittel auch Nebenwirkungen oder unerwünschte Wirkungen auftreten kön-

nen. Dabei ist es egal, in welcher Form der Spargel verabreicht oder als Gemüse konsumiert wird. Die beruhigende Nachricht ist, dass Nebenwirkungen eher selten auftreten.

An erster Stelle stehen hier allergische Reaktionen, die sich sowohl bei Hautkontakt (z.B. beim Spargelschälen) als auch im Rahmen des Verdauungsprozesses zeigen. Vereinzelt kann es bei Allergikern auch zu Heuschnupfen, Reizung der Augen, Atemnot und Schluckbeschwerden oder einer Auslösung von Asthmaanfällen kommen. Eine schwere Form der allergischen Kontaktdermatitis wird im Volksmund auch „Spargelkrätze" genannt. Hauptverantwortliches Kontaktallergen ist die 1,2,3-Trithian-5-Carbonsäure, auch 1,2,3-Trithian-5-Carboxylsäure genannt, die durch Kochen unwirksam gemacht werden kann.

Als unerwünschte Wirkung wird auch eine Reizung der Harnwege beschrieben. Eine Beobachtung aus dem Jahre 1899 berichtet vom Auftreten von Hämaturie, Purpura und Diabetes mellitus Typ 2 bei exzessivem Spargelgenuss.

Aus Spargelkraut gewonnene Heilmittel können zu Schlafstörungen oder Schlaflosigkeit und bei Schwangeren zu unerwünschten Schwangerschaftsabbrüchen führen.

Die Spargelbeeren und Spargelsamen werden heutzutage nicht zum Verzehr empfohlen. Ihnen werden in alten Schriften und wissenschaftlichen Abhandlungen jedoch auch Heilwirkungen zugeschrieben. Bei Ingestion kann es zu Übelkeit und Erbrechen kommen.

Ob eine Wirkung als Nebenwirkung betrachtet wird, hängt oftmals vom jeweiligen Standpunkt ab. So wurden bei Asparagin-Gaben Kopfweh, Völlegefühl und allgemeine Mattigkeit oder eine „Pulsverminderung" beobachtet. Gerade hinsichtlich der Beeinflussung der Herzfrequenz stellt sich die Frage, ob aus dieser Nebenwirkung auch eine erwünschte Wirkung abgeleitet werden kann, weshalb weiterführende Forschungen von Interesse sein könnten.

Eine mutmaßliche Nebenwirkung kann jedoch auch eine toxische Ursache haben. Deshalb ist aus ärztlicher und umweltmedizinischer Sicht die Spargelzucht und Produktion möglichst artgerecht und naturnah durchzuführen. Ein intensiver Einsatz diverser Spritzmittel (Pestizide, Herbizide, Fungizide etc.) und chemischer Düngesubstanzen, wie in der industrialisierten Intensivlandwirtschaft, ist aufgrund der kumulierenden und potentiell gesundheitsgefährdenden Effekte abzulehnen. Ebenso sollte die Züchtung auf natürlichem Wege erfolgen. Gentechnologische Manipulationen der Pflanzenzellen mit Einschleusung von artfremden Biomolekülen und Genen, wie bei Mais oder Soja, haben im Lebensmittelbereich keine Berechtigung und sind aus Gründen der potentiellen Gesundheitsgefährdung gänzlich abzulehnen.

Wechselwirkungen von Spargelpräparaten

Bei Warfarin und ähnlichen Antikoagulantien, die auch als Kalium-Antagonisten wirken, soll ein exzessiver Spargelgenuss oder die Einnahme von hochdosierten Spargelpräparationen vermieden werden.

Kontraindikationen von Spargelpräparaten

Die Indikationen und Kontraindikationen werden in der Literatur sehr kontrovers diskutiert. Gilt in einem Fall die Spargelrezeptur als Indikation, wird sie im anderen Fall als Kontraindikation betrachtet und umgekehrt. Eine therapeutische Anwendung sollte daher immer nach exakter Diagnosestellung und Rücksprache mit dem Arzt erfolgen.

Die wichtigsten Kontraindikationen sind:

- Allergie auf Spargelinhaltsstoffe
- Allergisches Asthma auf Spargelinhaltsstoffe
- Idiosynkrasie
- Lymphodynamische Ödeme aufgrund eingeschränkter Herz- oder Nierenfunktion
- Chronische Hyperurikämie
- Entzündliche Nephropathien
- Rezidivierende Nephrolithiasis
- Schwangerschaft und Stillzeit (= relative Kontraindikation)

Die Kontraindikationen beziehen sich auf die Anwendung von Spargelpräparaten – unabhängig von der Spargelart. Hinsichtlich des kulinarischen Spargelgenusses kann nur bei Allergie oder gastrointestinalen Beschwerden vom Spargel abgeraten werden. Der Verzehr von Spargelgemüse in üblichen Mengen ist unbedenklich.

Wissenswertes und Kurioses

Wissenswertes und Kurioses

Unsere Recherchen ergaben, dass das Thema Spargel in verschiedensten Disziplinen vorkommt und mancherorts als wichtiger Wirtschaftsfaktor und Kulturträger fungiert. Die nachfolgenden Aufzählungen streben keine Vollständigkeit an – das würde den Rahmen des Buches deutlich sprengen –, sondern illustrieren die Bandbreite der Bereiche, in denen man sich mit unserem Edelgemüse auseinandersetzt.

Spargelbezeichnungen

Im Kapitel über Botanik wurden bereits die unterschiedlichen Nomenklaturen vorgestellt. Im Volksmund existieren darüber hinaus eigenartige Bezeichnungen für Gemüsespargel, von denen hier eine Auswahl präsentiert wird:

Spajas, Spargen, Spargle, Sparjes, Sparrje, Sparrs, Sparsen, Sparsich, Speis, Spergel, Aspars, Schwammwurz, Frühlingswonne oder Korallenkraut. Spargel wird zudem als Braunschweiger Gold, Elfenbein der Küste, Gemüse der Könige oder auch König der Gemüse, Kaiserliches Gemüse oder Polizist der Nieren bezeichnet.

Im Englischen wird er beispielweise auch sparrowgrass (Spatzengras) oder Queen of Darkness genannt.

Wildspargel wird in China als Tian oder Tien Men Dong bezeichnet, in Indien als Shatavari, Satavar oder Shatamull.

Spargelfeste weltweit

Wenn Sie bei einer Suchmaschine wie beispielsweise google die beiden Worte *asparagus festival* eintippen, erzielen Sie 3.580.000 Treffer. Bei yahoo werden sogar unglaubliche 9,2 Millionen Treffer erzielt. Unternehmungslustigen Personen kann da sicherlich nicht fad werden …

Im deutschsprachigen Raum finden die meisten Feste zwischen April und Juni statt. Bekannte Veranstaltungen in Deutschland finden in Aukrug-Bünzen, Babenhausen, Beelitz, Bruchsal, Cleebronn, Delbrück, Eimke, Erpolzheim, Lampertheim, München oder Schwetzingen statt, die einschlägigen Termine sind online leicht zu eruieren. In Österreich sind die Spargelfeste in Deutsch-Wagram und im Kärntner Lavanttal zu nennen.

Lampertheim – ein Zentrum des deutschen Spargelanbaus

Spargelfilm

Im Jahr 1956 wurde von der Produktionsfirma Zenith/Sonor unter der Regie von Alfred Lehner der österreichische Film *Bademeister Spargel* veröffentlicht. Das Drehbuch stammte von Frank Filip. Die Erstaufführung des 94 Minuten langen Filmes erfolgte am 15.3.1956.

Die Hauptdarsteller waren Paul Hörbiger (Spargel), Angelika Hauff (Margot), Franziska Kinz (Agnes Spargel), Chariklia Baxevanos (Inge) und Josef Egger (Ypsilon).

Mit Spargel hat der Film im Grunde gar nichts zu tun.

Der Inhalt ist in zwei Sätzen erzählt: Ein vertrottelter Bademeister macht eine große Erbschaft. Da ihn das viele Geld aus dem Gleichgewicht zu werfen droht, schiebt seine Familie es ihm in kleinen Portionen unter. Das filmkritische Resümee fällt entsprechend aus: Ein seichter Schwank voller Albernheiten ohne nachvollziehbare Motivation.

Spargel info

Link:
http://www.gg-online.de/html/spargel-lehrpfad.htm

Spargelmuseum Schrobenhausen

Spargellehrpfad

Gemüselehrpfade erfreuen sich zunehmender Beliebtheit, da man hiermit einen familienfreundlichen Ausflug in der freien Natur mit Wissenszuwachs genießen kann. Einer der bekanntesten permanenten Spargellehrpfade im deutschsprachigen Raum befindet sich in Nauheim im Kreis Groß-Gerau in Hessen.

Er thematisiert die Nauheimer Spargelgeschichte, das Pflanzschema mit Pflanzenzahl, Reihenabstand, Anlagekosten und Nutzungsdauer, Botanik und Herkunft des Spargels und zeigt die Bedingungen für eine gute Spargelanlage mit Pflanzgut, Düngung, Pflege und Gesunderhaltung. Mit der Darstellung einer Spargelanlage im Jahresablauf wird auch die Frage beantwortet, was der Spargelanbauer außerhalb der Spargelsaison macht. Der Lehrpfad befasst sich aber auch mit der Spargelernte und den Sortiervorschriften. Ein Gang über den frei zugänglichen Spargellehrpfad ist auch außerhalb der Spargelerntezeit ein Erlebnis.

Spargelmuseen

Am 13. Mai 1985 wurde auf Initiative des Rechtswissenschaftlers Klaus Englert im bayrischen Schrobenhausen ein Deutsches Spargelmuseum zusammengestellt. Nach einer umfassenden Erweiterung im Jahr 1991 wird es aufgrund seiner weitreichenden Bedeutung als Europäisches Spargelmuseum geführt. Das Museum wurde von der Kommission des Europarates im Jahre 1993 als eines der zehn besten Spezialmuseen Europas ausgezeichnet. Die Sammlung beinhaltet Exponate aus über 30 Staaten. Die Vielfalt dieses Spezialmuseums reicht von Spargelanbaugeräten über Spargelgeschirre bis zu Spargelgemälden.

Alte Kräuterbücher und Kupferstiche zeigen die Pflanze und deren Bedeutung für die Wissenschaft und für die Medizin. Eines der schönsten ausgestellten Bücher ist das *Neuw Kreuterbuch* von Jakob Theodor (Tabernaemontanus, 1522–1590).

In Deutschland existieren aber noch zwei weitere Museen, die sich der regionalen Spargelkultur widmen.

Das Spargelmuseum Beelitz (Brandenburg) bietet neben historischen Erntegeräten vor allem einen Einblick in die regionale Spargeltracht, die auch heute noch zu festlichen Anlässen getragen wird.

Neuw vollkommentlich Kreuterbuch/
Mit schönen und künstlichen Figuren/ aller Gewächs der Bäumen/ Stauden und Kräutern/ so in Teutschen und Welschen Landen/ auch in Hispanien/ Ost- und West Indien/ oder in der Newen Welt wachsen/ derer uber 3000. engentlich beschrieben werden/ auch deren Underscheid und Würckung/ sampt ihren Namen in mancherley Sprachen angezeigt werden/ dergleichen vormals nie in keiner Sprach in Truck kommen:
Darinn viel und mancherley heylsamer Artzeney vor allerley innerlichen und eusserlichen Kranckheiten/ beyde der Menschen und deß Viehes/ sampt ihrem nützlichen Gebrauch/ beschrieben werden/ es sey mit Träncken/ Säfft/ Syrupen/ Conserven/ Latwergen/ Wassern/ Pulver/ Extracten/ Oelen/ Saltz/ Salben/ Pflastern und dergleichen: Darinnen auch uber tausende hochbewärte vortreffliche Experiment/ und heimliche Künste angezeigt werden.
Allen Aertzten/ Apoteckern/ Wundärtzten/ Schmieden/ Gärtnern/ Köchen/ Kellern/ Hebammen/ Haußvättern/ vñ allen andern Liebhabern der Artzney sehr nützlich
Durch
Jacobum Theodorum Tabernæmontanum, der Artzney Doctorem, und Churfürstlicher Pfaltz Medicum
Caspar Bauhinum Doctorem, und der Universitet zu Basel Professorem Ordinarium.
Gedruckt zu Franckfurt am Mayn/ Durch Paulum Jacobi
In verlegung Johann Dreiels.
ANNO M.DC.XXV.

Das Niedersächsische Spargelmuseum in Nienburg widmet sich der 150-jährigen Geschichte des niedersächsischen Spargels. Untergebracht ist es in einem 300 Jahre alten Hallenhaus mit anschließendem Biedermeiergarten und zeigt neben vielen Fotos historische Erntemaschinen und Spargelmesser, aber auch die interessante Burgdorfer Spargelsammlung mit ihren außergewöhnlichen Geschirrteilen und Bestecken.

In Österreich gibt es zwar sammelfreudige Spargel-Aficionados, aber bis dato kein Spargelmuseum.

Kulturhistorisch interessant ist das Nationalmuseum für Spargel- und Champignonzucht, das sich im Museum „De Locht" im niederländischen Melderslo befindet und einen Einblick in die bäuerliche Lebenswelt am Niederrhein im 19. Jahrhundert ermöglicht.

1 2 3 4

Links:

(1) http://www.schrobenhausen.de/index.php?id=0,42

(2) http://www.beelitz.de/verzeichnis/objekt.php?mandat=3823

(3) http://www.museum-nienburg.de/internet/page.php?site=7&typ=2

(4) www.delocht.nl

Spargel info

Links:

(1) http://www.hargelsberg.at/spargel/

(2) http://pnwbands.com/asparagusband.html

(3) http://www.myspace.com/asparaguscom

Spargelmusik

Es existiert sogar eine Musikgruppe mit dem Namen Spargel. Die Wiener Band wurde 1992 von Studenten gegründet. Nach vereinzelten kleinen Auftritten in Studentenheimen und diversen Veränderungen in der Besetzung findet Spargel gegen Ende 1994 ihren charakteristischen Musikstil, der laut FM4-Soundpark an „easy listening lounge pop“ erinnert, jedoch „dank der verstörend eindringlichen vocals durchaus widerborstig ist“. Nach einer wechselhaften Phase mit Flops und Erfolgen erschien im Jahr 2000 die erste richtige Spargel-CD, die am 27.10.2000 im AERA in Wien präsentiert wurde. Die Band ist nach wie vor aktiv und ihre raren Konzerte sind sehr beliebt.

Infos und Downloads von Songs dieser Kultband: siehe Links.

Es haben sich jedoch noch weitere Bands vom Spargel als Namensgeber inspirieren lassen. So gab es beispielsweise in den 70er Jahren eine kanadische Band namens Asparagus Band (siehe Links). In Japan existiert ein Indie-Rock-Power-Trio namens Asparagus, das nach wie vor seine lauten Overdrives veröffentlicht. Am 21. Jänner 2007 kam das Album „Silly Thing“ auf den Markt (siehe Links).

Ferner gibt es noch die Asparagus-Big-Band, die eine Sparte der Stadtkapelle Schwetzingen ist und sich auf Swing und Dixieland spezialisiert hat.

Spargelmythen

Spargel-Aberglaube

In Istrien existiert der Glaube, dass ein Spargelpflücker die Spitze des ersten Spargels, der zu Beginn der Spargelsaison geerntet wird, unverzüglich und roh essen muss, da dadurch die Gefahr, bei künftigen Waldspaziergängen von Schlangen gebissen zu werden, gebannt wird.

Istrien ist bei Feinschmeckern übrigens vor allem für seine Wildspargelvorkommen bekannt.

Theseus und Sinis. Tondo von einer attischen rotfigurigen Kylix, 490-480 v. Chr.

Spargel in der griechischen Mythologie

Nach einer griechischen Sage versteckte sich Perigune, die Tochter des Sinis, der als Wegelagerer und Fichtenbeuger wirkte, vor der Zudringlichkeit des Theseus im von Schilf und hochwachsendem Spargel gebildeten Dickicht.

Der griechische Volksstamm der Böotier pflegt den Brauch, verlobte Liebespärchen mit Spargellaub zu bekränzen, was höchstwahrscheinlich auf diese Sage zurückzuführen ist.

Der spitzblättrige Spargel gehörte auch zu den heiligen Kranzgewächsen, die der Liebesgöttin Aphrodite geweiht waren.

Spargel als Aphrodisiakum?

Spargel gilt seit alters her, genauso wie Knoblauch, Sellerie oder Artischocke, als natürliches Potenzmittel. So mancher Inhaltsstoff des Spargels mag als erklärender Faktor dieser Wirkweise dienen, aber fundierte Untersuchungen stehen noch aus.

Die fruchtbarkeitsbringende Symbolik zeigte sich bereits im antiken Griechenland, wo verliebte Bräute einen Hochzeitskranz aus wildem Spargel trugen. Im alten Rom hängten sich junge Männer Spargelstangen als Liebesamulette um den Hals. Mögen auch wir noch an die Symbolik glauben.

In Asien wird vor allem dem Spargel der Spezies *Asparagus racemosus*, auch Shatavari genannt, eine aphrodisierende Wirkung nachgesagt. Zur Anwendung gelangt dabei die Spargelwurzel, die mit Ghee (indischem Butterschmalz) und Milch gekocht wird. Dazu gibt man noch etwas Honig, Pfeffer und Zucker.

Auf jeden Fall ist das Verwenden von Spargel als Aphrodisiakum weitaus empfehlenswerter als das sinnlose Morden von Tigern, Nashörnern und von anderen vom Aussterben bedrohten Tierarten zum Erhalt von Pseudopotenzmitteln.

Spargelpower

Seit 1986 gibt es die Vereinigung der Kärntner Spargelwirte, die darauf bedacht sind, mit originellen Ideen einen breiten Zugang zum Thema Spargel zu schaffen. Im Jahre 2010 wurde beispielsweise erstmals ein Spargelkalender mit ausgefallenen Fotos herausgegeben.

Die Fotos und nähere Informationen finden Sie auch online.

Spargelrekorde

Der längste Spargel

Der Bauer Peter Lipp aus dem hessischen Weiterstadt hat einen rekordverdächtigen Spargel mit einer Länge von 108,1 Zentimeter kultiviert. Laut Herrn Lipp ist die Züchtung eines solch großen Spargels relativ einfach. Sobald die Spargelspitze aus der Erde lugt, muss wieder Erde aufgeschüttet werden – und das so lange, bis die Wunschhöhe erreicht wird.

Wer jedoch tatsächlich den weltweit längsten Spargel angebaut hat, ist bis dato nicht verifiziert worden.

Der älteste Spargel der Welt

Der älteste Spargel der Welt befindet sich aufbewahrt in einer bleiverlöteten Dose aus dem Jahr 1820.

Nachdem Napoleon zum Oberbefehlshaber der französischen Armee ernannt worden war, setzte er einen Preis von 12.000 Goldfranc für ein Verfahren aus, mit dem Nahrungsmittel haltbar gemacht und die Soldaten ohne Plünderungen ernährt werden konnten. Der Pariser Konditor und Zuckerbäcker Nicolas Appert entwickelte daraufhin ein Verfahren, bei dem er Glasflaschen verwendete. Der britische Kaufmann Peter Durand modifizierte diese Methode auf Metallbasis in Form von Blechkanistern und erfand damit die Konservendose. Seine Erfindung wurde am 25. August 1810 patentiert.

Dank dieser Erfindungen konnte Gemüse haltbar gemacht werden und auch Spargel das ganze Jahr auf der Speisekarte stehen. Die Konservendosen konnten vorerst nur mit grober Gewalt, oftmals mit Hammer und Meißel, geöffnet werden. Der anwendungsfreundliche Dosenöffner wurde erst im Jahre 1855 von Robert Yeates erfunden.

Die damals bleiverlöteten Dosen waren jedoch nicht nur schwer zu öffnen, sondern sie bargen eine giftige Gefahr. So wurden sie vermutlich zum tödlichen Begleiter des Polarforschers John Franklin (1786–1847) und seiner Mannschaft, die Mitte des 19. Jahrhunderts auf der Suche nach der Nordwestpassage waren. Das Blei aus der Dose gelangte in die Nahrung führte dazu, dass die Männer an einer schleichenden Bleivergiftung starben.

Und was ist zu unserem anfangs beschriebenen Dosen-Spargel aus dem Jahre 1820 zu sagen? Vielleicht ist er noch nicht verdorben, aber bestimmt hat ihn das Blei längst vergiftet. Also lieber Finger weg davon!

Spargelschnaps

Ein hochprozentiges Elixier ist das Walbecker Spargeltröpfchen. Diese Spezialität wird aus erlesenem Weizenkorn gebrannt und mit zwei Spargelstangen in der

Flasche verfeinert. Wenn man dieses ausgefallene Getränk tropfenweise auf der Zunge zergehen lässt, spürt man den würzigen Spargelgeschmack. Der Spargelschnaps wird von einer kleinen Brennerei in Handarbeit hergestellt und ist ausschließlich in Walbeck oder im Walbecker Online-Shop erhältlich.

Link:
http://www.walbeck.net

Spargelstadt

Schwetzingen wird offiziell als Spargelstadt bezeichnet. Bereits im Jahre 1668 hat der Pfälzer Kurfürst Karl Ludwig (1617–1680) mit dem Anbau des „weißen Goldes“ auf dem Areal seines Jagdschlosses begonnen. Nachdem der Spargelanbau gegen Ende des 18. Jahrhunderts wieder an Bedeutung verlor, erlebte er eine zweite Hochblüte ab dem Jahr 1820, als der Gartendirektor Johann Michael Zeyher (1770–1843) den Anbau von Spargel im Schlossgarten wieder aufleben ließ. Im Jahre 1853 wurde die weltweit erste Spargelgenossenschaft gegründet, ab 1870 wurden Großkulturen angelegt und ein expandierendes Exportgeschäft begann.

Spargelschutzmantel

Bei Plinius findet man im Buch 20, Kapitel 42 folgende Textstelle:

„asparago trito ex oleo perunctum pungi ab apibus negant“ (Wenn man sich mit in Öl eingelegtem Spargel einreibt, wird man niemals von Bienen gestochen.)

Spargelsymposium und Kongress

Spargel info

Links:
http://www.eucarpia.org
http://www.euroasper.eu/

Spargelsymposien und Kongresse finden regelmäßig auf europäischer, aber auch auf internationaler Ebene statt. Informationen über aktuelle Termine bekommt man über die Europäische Gesellschaft für Züchtungsforschung (EUCARPIA, siehe Links). Eine Zeit lang gab es sogar eine internationale Spargelfachzeitschrift mit dem Titel *Asparagus Research Newsletter*. Sie wurde in Kalifornien herausgegeben, erschien erstmals im Juni 1983 und wurde leider im Jahr 2003 wieder eingestellt.

Spargeltarzan

Spargeltarzan ist die umgangssprachliche Metapher für Männer und Burschen, die einen schmalen Körperbau, eine große Statur, ein blasses Aussehen und ein auffallend niedriges Körpergewicht haben. Das weibliche Pendant zum Spargeltarzan ist die Bohnenstange. Beide Begriffe sind eher liebenswürdig ironisch gemeint.

Ein berühmter Spargeltarzan war Charles de Gaulle (1890–1970): *„Es hat mich nie gestört, dass man mich manchmal mit einem Spargel verglichen hat, denn am Spargel ist der Kopf das Wichtigste.“*

Spargeltheater

Im Jahr 1949 verfasste Friedrich Dürrenmatt seine Komödie „Romulus der Große“. Die Handlung spielt vom Morgen des 15. bis zum Morgen des 16. März 476 in der Villa des letzten weströmischen Kaisers Romulus in Kampanien. Friedrich Dürrenmatt lässt den Protagonisten Romulus immer wieder Spargelwein trinken – dabei soll es sich angeblich um ein vergorenes Spargelgetränk handeln, wie aus den „Zehn Paragraphen zu Romulus der Große“, geschrieben 1949 für das Programmheft der Uraufführung am Stadttheater Basel, hervorgeht:

§ 10 Spargelwein wurde aus Spargelwurzeln gewonnen.

Unkundige Literaturkritiker verbreiteten vorlaut, dass es sich bei diesem Getränk um eine historische Fiktion Dürrenmatts handelte und die Behauptung im Paragraphen ironisch gemeint sei …

Spargelverbannung

In manchen Klosterschulen für Mädchen war bis zum 19. Jahrhundert Spargel vom Speiseplan verbannt, da die Nonnen befürchteten, dass seine phallusähnliche Form die Schülerinnen zu einer erhöhten Promiskuität animieren würde.

Wein aus Spargel?

Der Ausdruck Spargelwein impliziert auch die Möglichkeit, Wein aus Spargel zu erzeugen, und es erstellt sich die Frage, ob das denn überhaupt möglich ist?

Klassischer Wein wird prinzipiell aus dem Saft gepresster Weintrauben gekeltert. Es gibt jedoch auch Getränke, die aus dem fruchtzuckerhaltigen Saft anderer Früchte oder aus sonstigen zuckerhaltigen Grundstoffen erzeugt werden. So gibt es beispielsweise Apfelwein, Brombeer- und Pflaumenwein, Honigwein (Met), Rhabarberwein oder sogar Reiswein.

Hinsichtlich einer Weinerzeugung aus Spargelwurzeln existieren tatsächlich Aufzeichnungen von Gaius Plinius Secundus Maior (um 23–79), kurz Plinius der Ältere genannt. Hier seine Beschreibung aus dem Buch 14, Kapitel 19, Vers 105:

„EX HIS QUAE IN HORTIS GIGNUNTUR FIT VINUM E RADICE ASPARAGI, CUNILA, ORIGANO, API SEMINE, HABROTONO, MENTASTRO, RUTA, NEPETA, SERPYLLO, MARRUVIO. MANIPULOS BINOS CONDUNT IN CADUM MUSTI ET SAPAE SEXTARIUM ET AQUAE MARINAE HEMINAM."

Spargelzitate, Weisheiten und Sprüche

„Wenn Du Kartoffeln oder Spargel isst, schmeckst Du den Sand der Felder und den Wurzelsegen, des Himmels Hitze und den kühlen Regen, kühles Wasser und den warmen Mist."

Carl Zuckmayer

„Denn Spargel, Schinken, Koteletts
Sind doch mitunter auch was Nett's."

Wilhelm Busch, Die fromme Helene

„Spargel behandelt man wie eine Frau: Vorsichtig am Kopf anfassen und feinfühlig nach unten streicheln."

Karl-Heinz Funke, deutscher Politiker, 1998 bis 2001 Bundesminister für Ernährung, Land- und Forstwirtschaft

„Die Rose ist schon oft besungen,
das Veilchen und der Fliederstrauß.
Jedoch kein Dichter lobt den Spargel.
Ich mein, der verdient es auch.
Ich fühl´ mich immer wie verhext,
in Walbeck, wenn der Spargel wächst."

Lobdichtung für den Spargel aus Walbeck, einer bekannten Spargelhochburg in der deutschen Region Niederrhein, kurz vor der Grenze zu den Niederlanden

Gourmet-Tipps

Gourmet-Tipps

Spargel steht auch für harte bäuerliche Arbeit, königliches Gemüse, kaiserlichen Genuss und göttliche Heilkraft. Doch der richtige Umgang mit dem Spargel will gelernt sein. Tauchen Sie ein in die Welt der „Spargeletikette" und erfahren Sie in diesem Kapitel wertvolle Hintergrundinformationen und lernen Sie spezielle fachliche Raffinessen kennen.

Das Phänomen der Faserigkeit und Verholzung

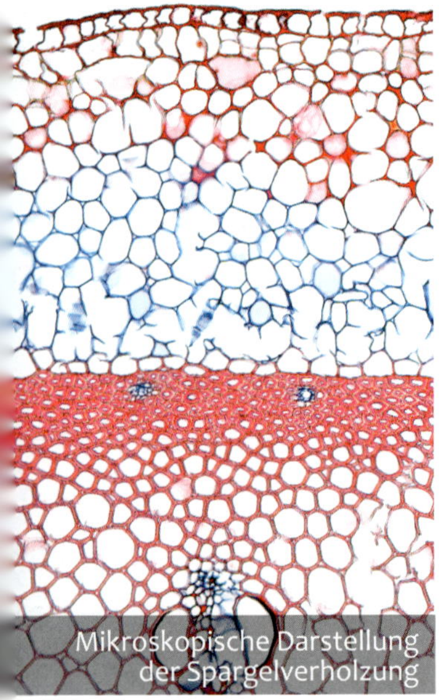
Mikroskopische Darstellung der Spargelverholzung

Die Faserigkeit der Spargelsprosse bestimmt maßgeblich den Genusswert. Sie entscheidet auch über die Schälabfallmenge und die Dauer der Zubereitungszeit. Wenn die Verholzung in der Spargelrinde und im Sklerenchymfaserring auftritt, kann man durch Schälen die Genussqualität erhalten. Findet die Verholzung jedoch im Inneren des Spargels (Zentralzylinder, Gewebe beim Leitbündel) statt, ist er ungenießbar. Der Eindruck von Faserigkeit entsteht auch, weil die Xylemgefäßwände, in denen das Wasser transportiert wird, mit zunehmendem Alter dicker werden und mehr Lignin eingelagert wird. Genussfähigkeit wird in diesem Fall auch nicht durch extralange Kochzeit erzielt. Es zeigt sich aber, dass der charakteristische Geschmack erhalten bleibt – zwar nicht so ausgeprägt wie beim frischgewachsenen Frühlingsspargel, aber es impliziert eine Verwendung des „Faserspargels" als Geschmacksgeber, der nach dem Zubereitungsprozess, vor dem Anrichten und Servieren, wieder entfernt wird.

Der nebenstehende Querschnitt stellt die äußerste rote Schicht die Spargelrinde dar, die im Laufe des Wachstumsprozesses zunehmend verholzt.

Eine weitere mikroskopische Aufnahme zeigt die rötlich gefärbten Leitbündel im Mark des Spargels. Der eingelagerte Farbstoff weist darauf hin, dass der Verholzungsprozess auch von innen her stattfindet.

Der nächste Querschnitt einer Spargelsprosse zeigt den Idealfall. Der Spargel ist zart und fein und es ist keinerlei rötlich anfärbbare Verholzung oder Faserigkeit zu erkennen.

Üblicherweise gilt bei Gemüseliebhabern der Grundsatz „je feiner, desto zarter", doch beim Spargel ist es umgekehrt. Hier stehen oftmals die dicken Spargelsprossen an oberster Stelle der Qualitätshierarchie.

Die Faserigkeit im Spargel kann auch nach der Ernte einsetzen oder zunehmen. Dies geschieht bei schlechter Lagerung, hoher Temperatur, Lichteinwirkung und bei den dadurch bedingten Wasserverlusten.

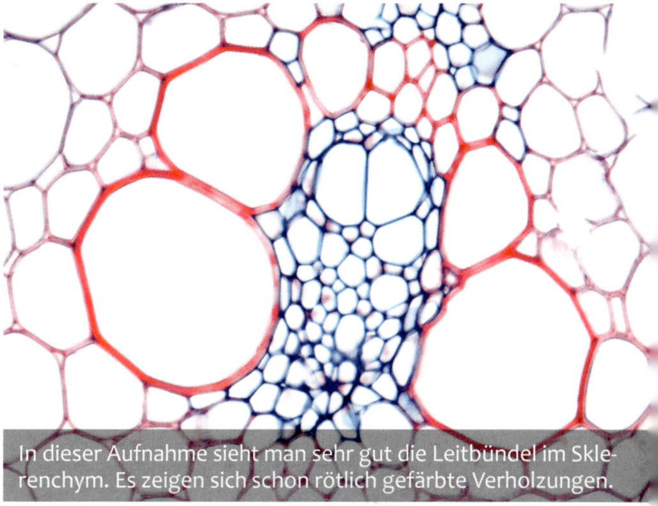

In dieser Aufnahme sieht man sehr gut die Leitbündel im Sklerenchym. Es zeigen sich schon rötlich gefärbte Verholzungen.

Entstehung des klassischen Spargelaromas

Spargel kann auch roh gegessen werden, doch viele Aromabestandteile der Pflanze erlangen erst durch die verschiedensten Kochprozesse ihre geschmackliche Vollendung.

Aus wissenschaftlicher Sicht entsteht der charakteristische Spargelgeschmack durch thermischen Abbau von S-Methylmethionin, Asparagusinsäure, p-Cumar- und Ferulansäure. Ebenso bewirkt Hitze einen oxidativen Abbau von mehrfach ungesättigten Fettsäuren, wie beispielsweise die Linol- oder Linolensäure.

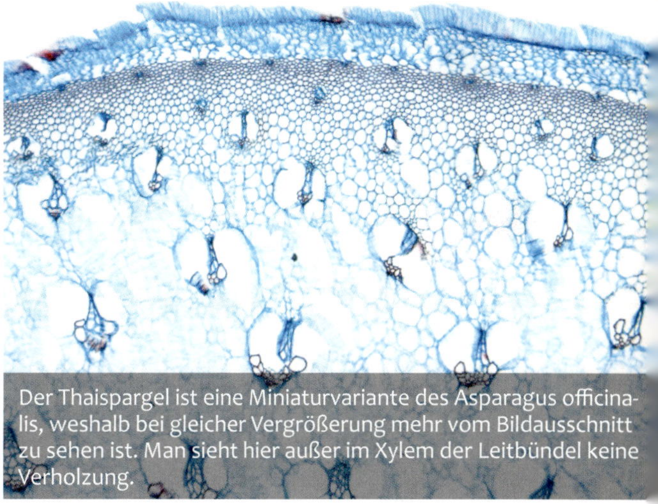

Der Thaispargel ist eine Miniaturvariante des Asparagus officinalis, weshalb bei gleicher Vergrößerung mehr vom Bildausschnitt zu sehen ist. Man sieht hier außer im Xylem der Leitbündel keine Verholzung.

Linolsäure (chemische Struktur)

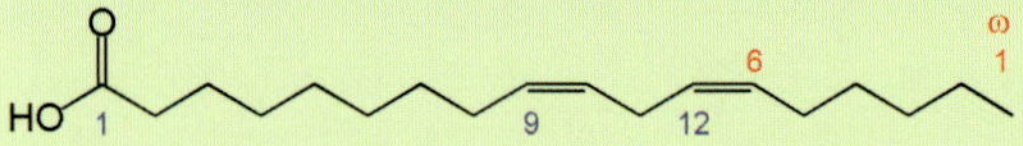

Gamma-Linolensäure (chemische Struktur)

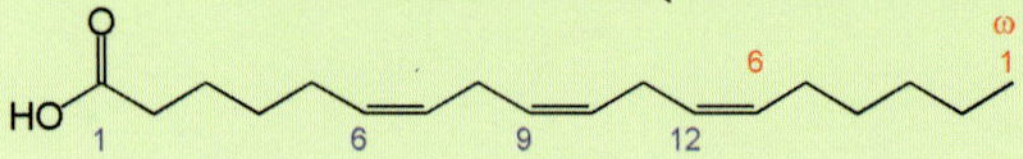

Beim Erhitzen des Spargels kommt es auch zu mehreren sowohl nebeneinander als auch nacheinander ablaufenden chemischen Reaktionen, die wiederum zu einer Vielzahl von Reaktionsprodukten führen. Die komplexe Gesamtheit dieser Abläufe wird nach dem französischen Physiker und Chemiker Louis Camille Maillard (1878– 1936) auch Maillard-Reaktion genannt. Es handelt sich hierbei um eine sogenannte nicht enzymatische Bräunungsreaktion des Kochgutes. Die Endprodukte dieser Reaktion sind geschmacksintensiv und für das Aroma und die Färbung verantwortlich. Bei hohen Temperaturen ab zirka 170 bis 180° Celsius oder einer falschen Zubereitungstechnik kann die Maillard-Reaktion auch zur Bildung unerwünschter, sogar krebserregender Stoffe, wie beispielsweise Acrylamid, führen. Diese Reaktion kann durch geregelte Temperaturführung unterhalb der kritischen Temperaturgrenze vermindert werden. In der nachfolgenden Abbildung ist die chemische Umwandlung von Glukose und Asparagin zu Acrylamid dargestellt.

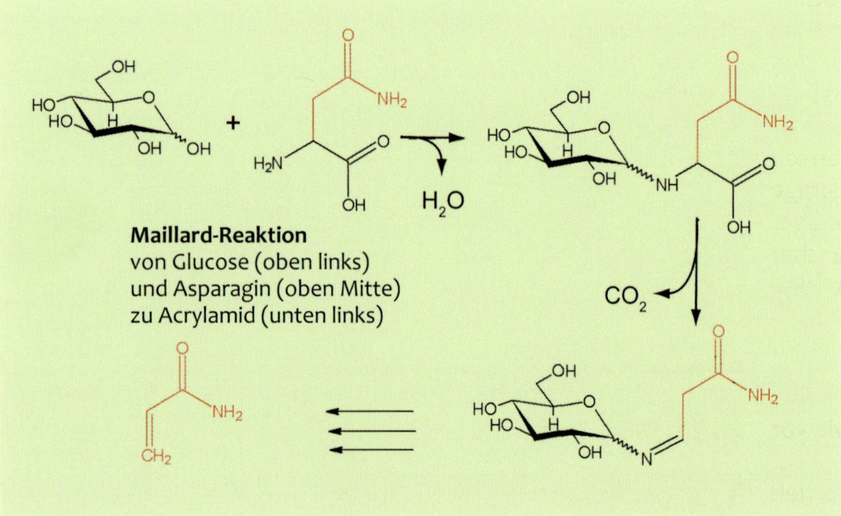

Maillard-Reaktion
von Glucose (oben links)
und Asparagin (oben Mitte)
zu Acrylamid (unten links)

Im Extremfall kann man die Bildung von Acrylamid geschmacklich feststellen, insbesondere dann, wenn das Kochgut, in diesem Fall der Spargel, angebrannt wurde.

Der Spargeleinkauf

Am besten schmeckt der Spargel, wenn er unmittelbar nach der Ernte frisch zubereitet wird. Dieses Geschmackserlebnis kann man sich am einfachsten durch den Direktkauf beim Spargelproduzenten ermöglichen. Manche Landwirte bieten ein spezielles Lieferservice an – vorzugsweise, wenn die Transportwege kurz sind. Dank einer ausgeklügelten Logistik findet man frischen Spargel zunehmend auch in Handelsketten oder sogar bei den Diskontern. Frischen heimischen Spargel gibt es nur zur Spargelsaison. Aufgrund der zunehmenden Globalisierung ist es heutzutage aber möglich, das ganze Jahr über Spargel zu kaufen. So mancher Spargelliebhaber bezieht mittlerweile Spargel über den Online-Handel.

Das absolute Geschmacks-Nonplus-Ultra ist jedoch nach wie vor der persönliche Spargeleinkauf bei den Produzenten und bei den Marktstandlern des Vertrauens.

Die Spargelköpfe sollten fest geschlossen sein

Die Schnittflächen am Ende sind hell und feucht

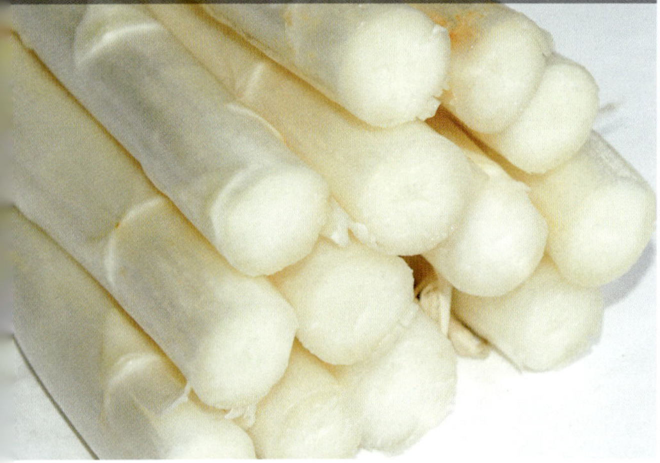

Was muss ich beim Spargelkauf beachten?

Die Spargelköpfe sollen fest und geschlossen sein, die Schnittflächen an den Enden der Spargelstange hell und feucht. Auf jeden Fall dürfen Spargelstangen nicht braun und holzig, hohl, gespalten, abgeschält oder gebrochen sein und sie sollten auch keine Flecken aufweisen. Frischen Spargel erkennt man auch daran, dass er an den Enden einen angenehmen aromatischen Geruch verbreitet. Wenn man auf das untere Ende drückt, ist das Austreten von Flüssigkeit auch als Zeichen der Frische zu werten.

Auch bei verdorbenem, mazeriertem Spargel tritt Flüssigkeit aus, aber die Spargelstangen sind weich, eventuell verfärbt und riechen unangenehm.

Hinsichtlich der Auswahl der Spargelqualitäten und Klassen hängt es prinzipiell davon ab, was man kochen will. Für Suppen kann man beispielsweise auch Spargelbruch verwenden. Es gilt der Grundsatz: Egal ob der Spargel dick oder dünn, kurz oder lang ist – frisch muss er sein!

Die Vorbereitung der Spargelstangen

Spargel waschen

Die Spargelstangen immer unter kaltem oder lauwarmem fließenden Wasser abspülen und danach auf

Küchenpapier abtropfen lassen. Den Spargel nicht im Wasser einweichen oder liegen lassen, denn sonst gehen wertvolle Inhaltsstoffe verloren.

Spargel schälen

Weißer Spargel: Das untere, harte Ende der Spargelstange wird großzügig (ca. 2–3 cm abgeschnitten). Dabei soll man unbedingt darauf achten, dass alle Spargelstangen die gleiche Länge haben. Die abgeschnittenen Stücke kann man auch zum Auskochen für Suppen oder Fond verwenden. (In früheren Zeiten hat man diese Spargelabfälle getrocknet und in Säckchen aufbewahrt. Der Trockenspargel wurde mit Suppen ausgekocht und zur Verbesserung von Saucen verwendet.)

Danach werden die Spargelstangen mit einem sehr scharfen Messer oder einem speziellen Spargelschäler vom Kopf nach unten geschält, ohne dabei die Spargelspitze zu verletzen oder zu schädigen. Bei dünnerem Spargel reicht es, dass man nur die schuppenartigen Blättchen abschabt. Die geputzten Spargel legt man danach in einem Gefäß mit kaltem Wasser ab.

Übermäßige Sparsamkeit oder Schlampigkeit beim Schälen hat schon so manches Essvergnügen getrübt! Von einer allzu häufigen Verwendung der Spargelschalenabfälle für Sud- oder Suppenzubereitungen wird abgeraten, da diese mit Rückständen aus dem Anbau belastet sein können.

Grüner oder violetter Spargel: Grüne oder violette Spargel werden nur im unteren Bereich geschält, wenn

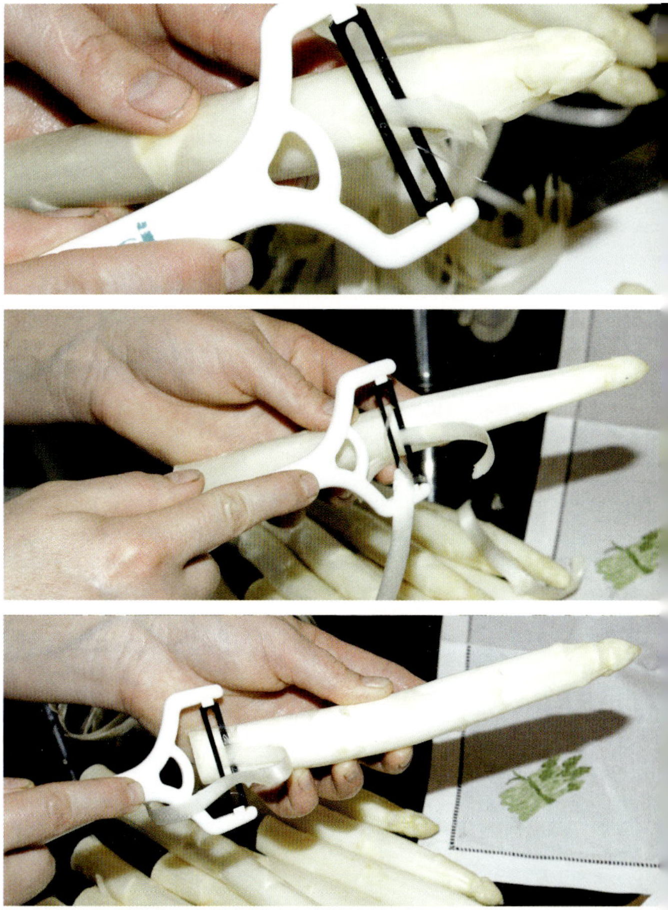

Nach Entfernen des unteren Endes wird der weiße Spargel vom Kopf nach unten geschält, wobei die Spitze unbeschädigt bleiben soll.

die Stangen nicht durchgefärbt sind, sondern diverse Verfärbungen aufweisen. In seltenen Fällen, bei ganz dicker Schale, müssen auch Grünspargel und Purpurspargel geschält werden.

Spargel kochen

Das Spargelkochen ist eine eigene Wissenschaft mit vielen geradezu philosophischen Meinungen. Wir präsentieren hier unsere Auffassung und Praxis, betonen aber, dass letztendlich die Person am Herd das Sagen hat und die Art und Weise der Zubereitung individuell gestaltet werden kann. Letztendlich entscheiden die Genießer des Spargelgerichts, ob es sich um einen geschmacklichen Höhepunkt oder eine kulinarische Katastrophe handelt.

Zum Spargelkochen nimmt man einen Topf oder eine spezielle Spargelwanne mit frischem Wasser, Salz, je nach Spargelsorte bei Bedarf etwas Zucker (das muss aber nicht immer sein) und Zitronensaft. Die Spargelstangen werden gebündelt in den Topf hineingelegt und sollen mit Wasser bedeckt sein. Es gibt aber auch Empfehlungen, wonach der gebündelte Spargel senkrecht stehend gekocht wird und die Spitzen nicht vom Wasser bedeckt sein sollen. Man kann ja alle Varianten probieren und sich für die bestschmeckende entscheiden.

Kalkhaltiges Wasser macht das Gemüse eher hart, in diesem Fall kann man kann natürliches Mineralwasser verwenden, das kalkärmer ist!

Die Kochdauer variiert wieder je nach Spargeldicke und Geschmack. Wer es bissfest liebt, achtet auf eine Kochzeit von weniger als 10 Minuten. Um weichen Spargel zu erhalten, sollte man diesen ca. 10 bis 15 Minuten garen.

Katharina Prato, Lehrmeisterin vieler Köchinnen der k. u. k. Monarchie im 19. Jahrhundert, empfahl sogar, den Spargel zirka 30 Minuten zu sieden und das Salz erst danach dazuzugeben.

Nach mehrmaliger Zubereitung lernt man auch als Laie den richtigen Zeitpunkt abzuschätzen, zu dem der Spargel gar ist und die gewünschte Konsistenz hat.

Die Spargelküche ist sehr variantenreich, und es sind prinzipiell alle Zubereitungsarten möglich. Spargel kann gekocht, gegart, gebraten, eingelegt, gebacken oder auch gegrillt werden.

Wie serviert man Spargel?

Spargel wird auf einem flachen Teller oder einer Spargelplatte serviert. Nach alter Schule weisen die Spargelspitzen immer nach links zum Speisenden. Spargelsaucen werden separat serviert.

Wie wird frischer Spargel gelagert?

Spargel schmeckt am besten, wenn er morgens gestochen und noch am selben Tag verzehrt wird. Zum Lagern sollten die Spargelstangen gebündelt in ein mit Wasser angefeuchtetes Tuch (am besten ein sauberes Geschirrtuch oder ein eigenes Spargeltuch aus Baumwolle oder Leinen) gewickelt und im Kühlschrank bei 4° Celsius gelagert werden.

Die Haltbarkeit und der Frischeerhalt betragen so zirka zwei bis vier Tage.

Grünen Spargel bewahrt man am besten aufrecht stehend im Wasser auf, also wie Schnittblumen, jedoch kühl und dunkel gelagert.

In früheren Zeiten wurde Spargel getrocknet und in Sand eingelegt.

Kann man Spargel einfrieren?

Spargel kann problemlos eingefroren werden. Empfehlenswert ist es, diesen zuerst zu schälen, dann in kleine Stücke zu schneiden und portionsweise in einen Gefrierbeutel zu geben. Wer längere Spargelstangen präferiert, muss damit rechnen, dass der Spargel weich und „letschert" (kraftlos) wird. Aber letztendlich obliegt diese Entscheidung dem Konsumenten selbst.

Abgeraten wird jedoch, den Spargel vor dem Tiefkühlen zu blanchieren oder zu kochen. Aber auch hier entscheiden die Konsumenten selbst, denn sie müssen letztendlich die Abweichungen der Spargelkonsistenz „genießen“.

Bei der Zubereitung des gefrorenen Spargels (der zuvor nicht blanchiert und auch nicht gekocht wurde) sollte dieser nicht aufgetaut, sondern im gefrorenen Zustand direkt ins kochende Wasser gegeben werden.

Die Haltbarkeit von Tiefkühlspargel beträgt zirka sechs bis acht Monate.

Keinesfalls sollte man Tiefkühlspargel nach der Zubereitung als fertiges Gericht nochmals einfrieren, da nach dem Auftauen der Alterungsprozess wieder einsetzt und Mikroorganismen zu wachsen beginnen. Dadurch wird vor allem die Qualität des Spargels beeinflusst und der Geschmack, die Konsistenz und das Aussehen können sich negativ verändern. Schlimmstenfalls wachsen krankheitserregende Keime, die eine Gesundheitsgefährdung darstellen.

Gibt es einen Spargelersatz?

Da man heutzutage ganzjährig Spargel aus aller Welt beziehen kann, ist die Frage des Spargelersatzes eigentlich obsolet.

Dennoch sei hier erwähnt, dass in früheren Zeiten Kohlrabi (*Brassica oleracea*), Schwarzwurzeln (*Scorzonera hispanica;* siehe Abbildung) oder ausgewachsene Triebe des grünen Feldsalates (*Valerianella locusta*) als Spargelersatz fungierten.

Frage, Antworten, Quintessenzen

Fragen, Antworten, Quintessenzen

Im Zuge der intensiven Beschäftigung mit einem Produkt tauchen immer wieder häufig gestellte Fragen auf, deren Antworten wir Ihnen, werte Leserinnen und Leser, nicht vorenthalten möchten.

Warum riecht der Urin so eigenartig, nachdem man Spargel gegessen hat?

In der Literatur findet man unterschiedliche Substanzen, die mit dem Phänomen des speziellen Geruches nach Spargelgenuss in Verbindung gebracht werden.

Eine der ersten ernst zu nehmenden wissenschaftlichen Untersuchungen von Robert H. White im Jahr 1975 kam zu dem Ergebnis, dass S-Methylthioacrylat und S-Methyl-3-(Methylthio)thiopropionat für die Geruchsentwicklung verantwortlich sind.

Weiterführende Untersuchungen haben jedoch gezeigt, dass weitaus mehr Substanzen am Zustandekommen des charakteristischen Uringeruches beteiligt sind:

- Methanthiol (Methylmercaptan)
- 1-Propen-3-Isothiocyanat
- 3-Methylthiophen
- Bis-(Methylthio) Methan
- Schwefelkohlenstoff
- Kohlenoxydsulfid
- Dimethyldisulfid
- Dimethylsulfid
- Dimethylsulfon
- Dimethylsulfoxid

- Dimethyltrisulfid
- E-Methylthio-1-Propen
- Schwefelwasserstoff
- Methylpropylsulfid
- S-Methyl-2-Propenthioat
- S-Methyl-Thioacrylat
- Tetrahydrothiophen
- Methansulfonsäure Anhydrid
- Butyrolacton
- 1,4-Bis(methylthio)-Butan
- S-Methyl-3-(Methylthio)Thiopropionat

Interessant ist die Tatsache, dass manche Menschen darüber berichten, dass ihr Urin nach Spargelgenuss keine auffälligen Geruchsveränderungen aufweist. Diese Personen haben eine Störung des Riechsinns, die entweder genetisch bedingt oder erworben sein kann. Es existieren auch Hypothesen, dass bei manchen Menschen genetische Faktoren im Stoffwechsel das Auftreten der spezifischen Geruchsstoffe verhindern – hier müssten noch weiterführende Untersuchungen und „Riechstudien“ durchgeführt werden.

Warum endet die Spargelsaison am 24. Juni – bzw. wann ist das Ende der Spargelsaison?

Üblicherweise endet in unseren Breiten die Spargelsaison am 24. Juni. Dieser Tag ist der sogenannte Johannistag, also der Geburtstag Johannes des Täufers. Diese Tradition hat sich im Laufe der Jahrhunderte eingebürgert und wird auch in alten Bauernregeln überliefert:

„Stich den Spargel nie nach Johanni!“ oder *„Sind die Kirschen rot, ist der Spargel tot.“*

Die Spargelernte wird beendet, damit die Pflanzen eine ausreichende Regenerationszeit haben, um im Folgejahr wieder genügend neue Sprossen bilden zu können. Vom 24. Juni an sind es in Mitteleuropa mindestens 100 Tage bis zum ersten Frost, und das ist genau die Zeit, die der Spargelpflanze zur Erholung gegönnt werden sollte.

LOGIC

Eine behördliche Verordnung hinsichtlich eines Erntestopps oder einer Beendigung der Spargelzeit gibt es nicht. Die Natur würde sich im Regelfall auch nicht daran halten. Bei einer außergewöhnlich warmen Witterung oder bei einem frühen Erntebeginn kann es mitunter sogar vorkommen, dass die Spargelzeit vor dem 24. Juni beendet werden muss – und das kann bis zu 14 Tage vorher sein.

Der Beginn der Spargelsaison ist in erster Linie wetter- und temperaturabhängig. Im Normalfall ist das zirka Mitte April. Da die Spargelproduzenten daran interessiert sind, die Spargelmenge über den Erntezeitraum zu maximieren, versuchen sie Klima und Temperatur im Bereich der Spargelbeete zusätzlich mit Hilfe von speziellen Folien zu steuern. Die schwarze Seite der Folie wirkt temperaturerhöhend und hinsichtlich des Spargelwachstums verfrühend. Die weiße Seite hat eine kühlende Funktion, um in heißen Phasen die Erntespitzen zu bremsen.

Es gibt auch immer wieder Diskussionen, wie man Spargel selbst von Ende Dezember bis Anfang Februar stechen könnte. So publizierte beispielsweise die Zeitschrift *Der Deutsche Landwirth in Böhmen* bereits im Jahre 1886 diesbezügliche Vorschläge.

Im Zuge der Globalisierung ist es heutzutage aber jederzeit möglich, frisch gestochenen Spargel aus diversen Ländern zu beziehen.

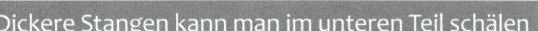

Dünner Grünspargel sollte nicht geschält werden

Dickere Stangen kann man im unteren Teil schälen

Aber ehrlich gesagt: eine Phase der Entbehrung tut gut! Und es ist dann ein ganz besonderer Genuss, wenn man nach längerer Pause wieder ein festliches Spargelmahl zelebrieren kann. Ungeduldige Spargelaficionados können hinsichtlich des heimischen Spargels auch zu konservatorischen Maßnahmen, wie beispielsweise Tiefkühlen, greifen.

Muss man Grünspargel schälen?

Grüner Spargel muss und soll aus Geschmacksgründen nicht geschält werden. Bei ganz dicken Stangen ist es sinnvoll, das untere, oftmals hellgrüne oder weißliche Ende wegzuschneiden, da es Bitterstoffe enthalten kann.

Kann man Spargel roh essen?

Ja, roher Spargel ist weder giftig noch ungesund, sollte aber vor dem Verzehr unbedingt gut gewaschen werden. Man schmeckt hier allerdings nicht das charakteristische Spargelaroma – dieses entsteht erst durch Kochen und Erhitzen. Roher weißer Spargel schmeckt sehr erfrischend. Der Geschmack von rohem Grünspargel erinnert ein wenig an Erbsenschoten und Brokkoli.

Kalifornische Spargelzüchter haben den Sweet purple Asparagus gezüchtet, einen gänzlich violetten Spargel, der einen um 20 % höheren Zuckeranteil hat als gewöhnlicher Grünspargel und daher auch eine sehr beliebte Rohkost darstellt.

Zu beachten ist, dass frischer Spargel bei sehr empfindlichen Personen allergische Reaktionen auslösen kann, die sich in Form von Reizungen der Haut, der Nasen-Nebenhöhlenschleimhäute sowie der Luftwege und der Bindehaut der Augen zeigen.

Welcher Spargel ist gesünder – grüner, weißer oder violetter?

Vom Gesundheitsaspekt her gesehen kann man alle Spargelsorten essen, insofern keine Unverträglichkeit oder Allergie besteht. Grün- und Violettspargel enthalten aufgrund ihrer Sonnenexposition generell mehr Inhaltsstoffe und mehr Vitamine als weißer Spargel. Aber auch die Zubereitungsart beeinflusst die biologische Wirksamkeit der diversen Inhaltsstoffe. So führt beispielsweise zu langes Kochen in einem Metallgefäß zu einer Zerstörung der meisten Vitamine.

Kann man das Spargelkraut essen?

Das Spargelkraut, auch Spargelgrün genannt, ist nicht zur Zubereitung von Speisen geeignet, es kann jedoch aufgrund seiner spezifischen Inhaltsstoffe zur Herstellung von Medizinalprodukten verwendet werden.

Der bereits erwähnte deutsche Naturforscher, Arzt und Botaniker Adam Lonitzer empfahl beispielsweise in seinem berühmten Kräuterbuch bei Zahnschmerzen Spargelkraut zu kauen, da dessen Saft lindernd wirke.

Ist weicher Spargel noch gut?

Machen Sie zuallererst eine Geruchsprobe.

Wenn die Spargelstangen nicht verdorben sind, dann sind sie nur ausgetrocknet und nach wie vor zum Verzehr geeignet. Um solche Spargelstangen zu „revitalisieren“, kann man diese für einige Minuten komplett in kaltes Wasser legen. Sie verlieren dabei zwar etwas von ihrem Aroma, schmecken aber danach wieder sehr frisch. Spargel verdirbt nicht sofort, wenn er zu warm gelagert wird.

Bei weichem Spargel sollten allerdings vorsichtshalber die unteren Enden geprüft werden. Sind diese schon braun oder faulig, so hilft auch kein Wasserbad mehr.

Unsere Erfahrungen haben auch gezeigt, dass man sich mit der Geruchsprobe irren kann. Mittlerweile gibt es im Handel auch ausländische Spargelsorten, die mit radioaktiven Strahlen konserviert werden und dadurch selbst im verdorbenen Zustand keine Geruchsentwicklung zeigen.

Wir haben so einen mazerierten Spargel mikroskopisch untersucht und das verblüffende Ergebnis erzielt, dass ein mit einer sogenannten Low-dose X-ray-Irradiation behandelter „fri-

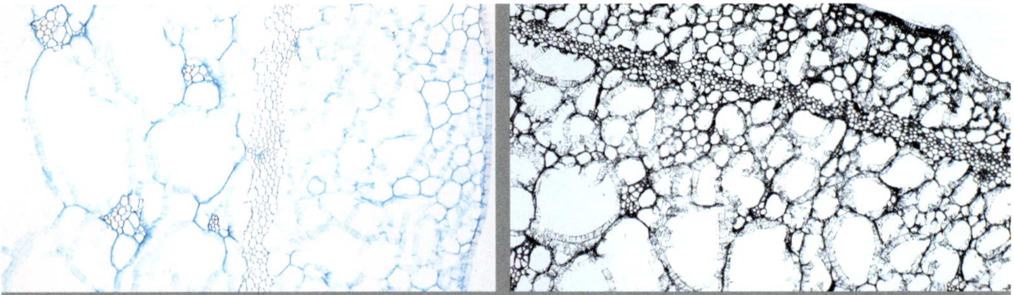

Frischer Spargel, der durch Bestrahlung haltbar gemacht wurde (Mikroskopaufnahmen, rechts mit Hellfeld).

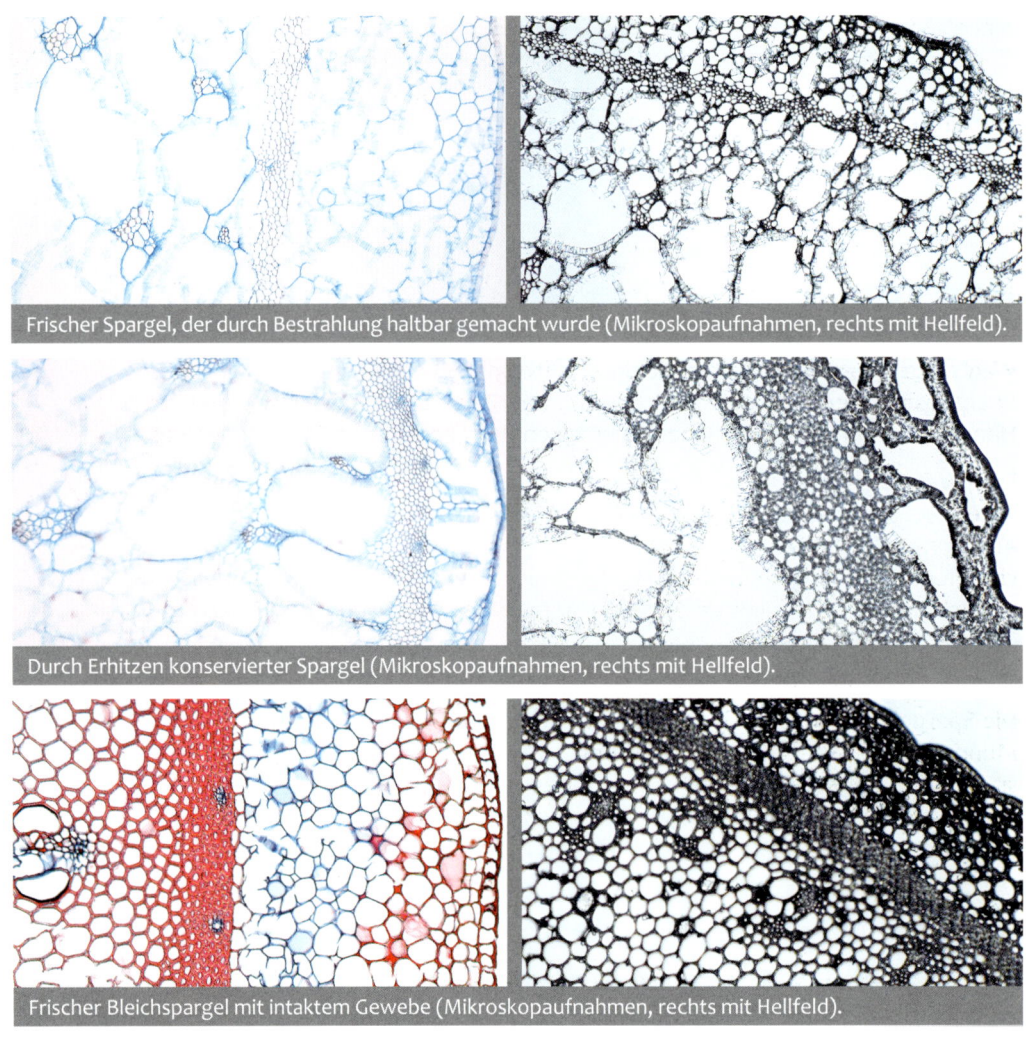

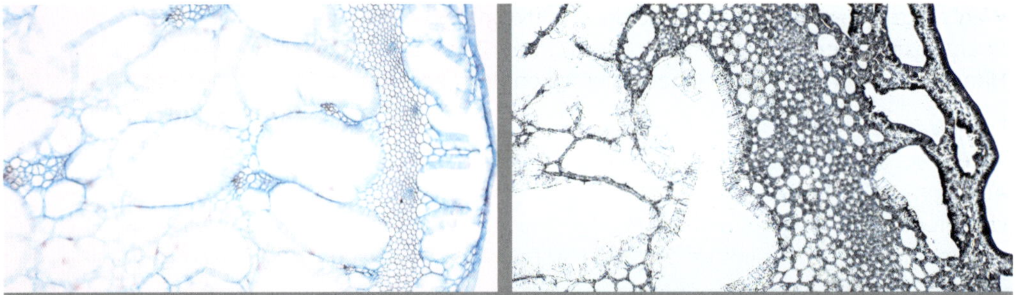

Durch Erhitzen konservierter Spargel (Mikroskopaufnahmen, rechts mit Hellfeld).

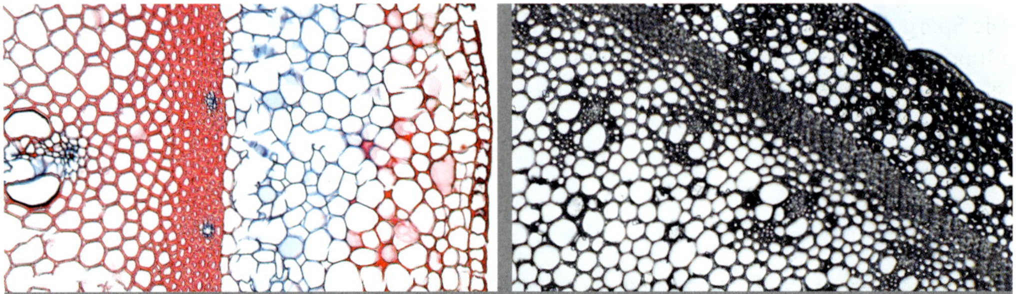

Frischer Bleichspargel mit intaktem Gewebe (Mikroskopaufnahmen, rechts mit Hellfeld).

scher“ Spargel im Markbereich nahezu so aussieht wie ein hitzekonservierter, eingelegter Spargel. Ein Unterschied zeigt sich lediglich in der Dicke des Randbereiches, weil der hier zum Vergleich untersuchte Konservenspargel dünner war und eine dünnere äußere Schicht hatte.

Gibt es eine „Spargeletiquette“ bzw. darf man Spargel beim Essen in die Hand nehmen und „auszutzeln“?

Trotz Alltagshektik und Fast-Food-Mentalität gibt es nach wie vor gesellschaftliche Anlässe, bei denen auf gute Umgangsformen und Benimmregeln geachtet wird.

Wahre Spargelgenießer halten die unzerteilte Spargelstange mit einem speziellen Spargelgriff, einer Gabel oder zwischen Daumen, Zeige- und Mittelfinger der rechten Hand und führen diesen mit einer in der linken Hand gehaltenen Gabel zum Mund.

Dann wird zuerst die Spargelspitze abgebissen, danach die weiteren, weichen Teile der Spargelstange. Sollten sich trotz geflissentlichen Schälens im unteren Abschnitt holzige Strukturen zeigen bzw. schmecken lassen, so darf man die weichen Teile aus den holzigen heraussaugen (Dialekt: „zutzeln“). Die holzigen Teile legt man auf einem Teller ab und die Finger werden mit einem speziellen Reinigungstuch oder einem Fingerbad gesäubert.

Heutzutage darf bei feierlichen Anlässen auch das Essbesteck benutzt werden. Die Spargelstangen können mit dem Messer geschnitten und mit der Gabel zum Mund geführt werden. Absolut verpönt und als grober Verstoß gegen alle Tischsitten gilt jedoch das Aufspießen und Zu-Mund-Führen von Spargelstücken mit einem spitzen Messer.

Wieso kann man Spargel nicht zweimal an der gleichen Stelle pflanzen?

Der Spargelanbau stellt hohe Anforderungen an den Boden und macht einen Fruchtwechsel notwendig. Wo schon einmal Spargel gewachsen ist, kann ein Wiederanbau gar nicht oder nur mit starken Ernteeinbußen geschehen. Selbst nach einem Zeitraum von 15 Jahren sind die Ernteleistungen einer wiederbebauten Erntefläche geringer als bei einer Spargelanlage, die auf einem frischen Boden wächst.

Als Ursache werden Schimmelsporen im Erdboden diskutiert. Feldversuche haben gezeigt, dass auf wiederbebauten Flächen die Wurzeln des angebauten Spargels auffällig stark mit Schimmel der Gattung Fusarium oxysporum befallen waren. Viele Seitenwurzeln waren faulig und dickere Wurzeln wiesen braune Flecken auf. Trotz umfangreicher Forschungen gibt es bis dato kein Verfahren zur Bekämpfung dieser Schimmelsporen. Stark wasserdurchlässige Böden bieten den Schimmelpilzen interessanterweise weniger Angriffsmöglichkeiten, um die Pflanzen zu beinträchtigen, weshalb hier nach einigen Jahren der Unterbrechung bis zu einem gewissen Grad ertragreiche Wiederbepflanzungen möglich sind.

Manche Landwirte erweitern aber auch einfach den Reihen- und Pflanzabstand und minimieren oder verzögern damit den Pilzbefall des Spargellaubs.

Gibt es Biospargel?

Mittlerweile gibt es auch Biospargel zu kaufen. Spargel wird ja generell als edles und teures Gemüse angesehen, weshalb die diesbezügliche Akzeptanz bei einer breiteren Kundenmasse länger gedauert hat beziehungsweise teilweise noch immer nicht vorhanden ist. Biospargelanbauer verzichten auf den Einsatz von Herbiziden (Unkrautvernichtungsmittel) und befreien ihre Felder durch mechanische Bodenbearbeitung von unerwünschtem Bewuchs.

Pflanzenschädlinge werden durch vorbeugende Maßnahmen oder mit natürlichen Pflanzenschutzmitteln, wie beispielsweise dem Extrakt aus dem Niembaum (*Azadirachta indica*) oder Rapsöl, reguliert. Eine Problematik im Biospargelanbau ist der Befall mit einer Pilzsorte, dem sogenannten *Spargelrost* (*Puccinia asparagi*). Bei Pilzerkrankungen dürfen jedoch auch im Bioanbau Kupferpräparate als Pflanzenschutzmittel eingesetzt werden. Manche Landwirte erweitern hier einfach den Reihenabstand der Spargelpflanzungen, wodurch einem Pilzbefall des Spargellaubes vorgebeugt wird.

Derzeit werden speziell in der Schweiz entwickelte Netzzäune getestet, die sowohl Hasen als auch Spargelfliegen von Jungspargelanlagen fernhalten und so eine weitere Voraussetzung für einen biologischen Spargelanbau bieten.

Trinkkultur beim Spargelgenuss

Trinkkultur beim Spargelgenuss

Ein vollendeter kulinarischer Genuss besteht darin, dass zur Speise auch ein passendes Getränk kredenzt wird. Es gab Zeiten und Kulturkreise, wo zum Spargel ausschließlich Weißwein getrunken werden durfte. Heutzutage, wo ein reger interkultureller Austausch vorherrscht und die Geschmäcker offen für Kombinationen unterschiedlicher Esskulturen und Kochkünste sind und im Rahmen der Fusionsküche auch die Vermischung klassischer Regional- und Nationalküchen gepflegt wird, darf man auch experimentieren, ohne gleich gegen irgendwelche Etiketten oder Normen zu verstoßen. Die Wahl des Getränkes zum Spargel ist offen und hängt von der Vorliebe des Genießers ab. Verpflichtende Regeln und Geschmacksdiktate gehören der Vergangenheit an.

Doch welche Getränke werden aus der Sicht des Feinschmeckers zum Spargel getrunken?

Das bestgeeignete nicht alkoholische Getränk ist frisches Wasser. Dieses kann auch in seiner perlenden, also kohlensäurehaltigen Variante kredenzt werden. Limonaden und Fruchtsäfte sind als Begleitgetränke eines Spargelgerichtes eher weniger geeignet, da sie häufig einen starken, leider oftmals künstlichen Geschmack haben, der das Aroma des Spargels überlagert oder verfälscht.

Eine der charmantesten kulinarischen Verbindungen besteht jedoch ohne Zweifel aus frischem Spargel mit der passenden Weinbegleitung. Nachdem die Frage, welcher Wein zu Spargel passt, von großer Bedeutung ist, sollte man sich der strengsten Jury stellen – dem eigenen Geschmack. Und grundsätzlich gilt: Was schmeckt, ist erlaubt! Jeder kann für sich seinen eigenen Spargelwein definieren.

Wichtig ist letztendlich nicht das, was auf der Etikette steht, sondern das, was in der Flasche enthalten ist und ein ultimatives kulinarisches Vergnügen bereitet.

Die Assoziation mit dem Frühling und den aufkeimenden Spargelsprossen ist für die einen ein duftiger und spritziger Wein, für die anderen ein würzig-vollmundiger Wein. Das harmonische Gleichgewicht von Spargel und Wein hängt jedoch maßgeblich von der Spargelart und der Zubereitung der Speise ab.

Als universeller Spargelwein gilt in Österreich ein kräftiger Grüner Veltliner mit dem typisch fruchtigen „Pfefferl". Man kann aber auch zum spanischen Verdejo greifen. Wird Spargel als Hauptgericht gegessen, so passt am besten ein gekühlter trockener Weißwein der Sorten Chardonnay (Morillon), Gewürztraminer oder Sylvaner.

Als Spargelweine eignen sich auch die klassischen Vertreter der Burgunderfamilie, wie der feine nussige Weißburgunder, international als Pinot Blanc bezeichnet, oder der vollmundige Chablis.

Der Grauburgunder (Pinot Gris, Ruländer) gilt übrigens in Feinschmeckerkreisen als absoluter Geheimtipp. Bei entsprechender Finesse und Feingliedrigkeit können auch ein trockener Riesling mit harmonischer Säure, ein fruchtiger Sauvignon Blanc, ein Muskateller oder ein oftmals unterschätzter Müller Thurgau dem Spargelgenuss eine neue Dimension geben. Dem Sauvignon Blanc aus Neuseeland und aus den kühleren Anbauregionen Südafrikas wird übrigens, jahrgangsabhängig, eine charakteristische Spargelnote zugesprochen.

Äußerst edel sind auch südeuropäische Weinsorten, sofern sie Zitrus- oder Apfelaromen und damit eine gewisse Frische bei milder Säure präsentieren, wie beispielsweise der Vermentino, der Verdicchio oder Orvieto aus Italien.

Als äußerst interessante Weinempfehlungen mit altösterreichischem Flair gelten Weinsorten, die beinahe in Vergessenheit geraten sind und mittlerweile eine Renaissance erleben, wie beispielsweise der Wiener Gemischte Satz, der Zierfandler oder Neuburger.

Übrigens: Das Prädikat „Spargelwein“ ist eine österreichische Erfindung und ein wahrhaft gelungener Werbeclou, der auch internationale Nachahmer gefunden hat. Die Österreich Wein Marketing GmbH hat in Kooperation mit Gault Millau Kriterien für das Prädikat „Spargelwein“ definiert und eine Broschüre mit dem Titel „Spargel und Wein“ herausgegeben, in der klassische und kreative moderne Spargelrezepte mit Spargelweinempfehlungen genannt werden. Alljährlich werden spezielle Weine mit diesem Prädikat prämiert und als exzellente Spargelbegleiter empfohlen.

Kriterien des Prädikates „Spargelwein“

- WEISSWEIN: Bis auf seltene Ausnahmen sind Spargelweine weiß.
- TROCKEN: Spargelweine sollten in der Regel trocken sein.
- KÖRPER: Sie brauchen Körper (mittel bis voll), aber nicht zu viel Alkohol.
- REIFE: Meist passen Weine mit zwei bis drei Jahren Reife besser als der letzte Jahrgang.
- SÄURE: Die Säure muss elegant eingebunden und fein sein.
- AROMA: Meist sind neutralere Buketts von Vorteil – keine Edelfäule (*Botrytis cinerea*)!
- HOLZ: Ein Hauch von Holznote ist nur für spezielle Rezepte (Hollandaise, Polonaise…) geeignet.

Quelle: www.österreichwein.at

Mittlerweile hat ein kulinarischer Paradigmenwechsel stattgefunden, denn es finden sich zunehmend auch Rosé-Weine oder Rotweine als Begleiter eines Spargelmahls, und so ist es keine Seltenheit mehr, dass zu diversen warmen oder kalten Spargelvorspeisen ein Burgunder oder ein Bordeaux serviert wird. Bei Rotweinen, die durch Barrique-Ausbau deutliche Gerbstoffe aufweisen oder extrem tanninhaltig sind, sollte man jedoch eher Vorsicht walten lassen, da diese den Spargelgeschmack überlagern können.

Eine besondere Gaumenfreude entfachen zum Spargelgericht gekühlt servierte Rotweine, wie ein Beaujolais, ein junger Côtes du Rhône, ein Dolcetto, ein Pinot Noir oder ein Rouge d'Ottrott aus dem Elsass.

Zu Spargelvorspeisen passen auch sehr gut Champagner oder flaschengegorene Sekt- oder Prosecco-Varianten.

Hinsichtlich alkoholischer Getränke kann zu Spargelsuppen Sherry oder trockener Madeira serviert werden.

Wird Spargel als Gemüsegang nach einem Festtagsbraten serviert, so eignet sich als begleitendes Getränk sehr gut der Wein, der als Bratenwein verwendet wurde.

Selbstverständlich kann man zum Spargel auch Bier trinken. Dabei sollte man jedoch darauf achten, dass es nicht allzu malzig ist oder einen

zu starken Eigengeschmack hat, um den Spargelgeschmack nicht – ähnlich wie bei den Limonaden – zu überlagern oder zu beeinträchtigen. Sehr gut geeignet sind sogenannte Draft-Biere, die sehr „leicht" schmecken, da sie im Gegensatz zu herkömmlichen Biersorten direkt nach dem Brauvorgang abgekühlt und mehrfach gefiltert werden.

Hinsichtlich eines Digestifs werden keine expliziten Empfehlungen abgegeben, da dies keine zwingende Notwendigkeit darstellt. Zudem ist der höhere Alkoholgehalt dieser „Verdauungsgetränke" problembehaftet, da zugunsten der Verkehrssicherheit eine strengere Gesetzeslage vorherrscht. Feinschmecker, die auf das Autofahren verzichten und auf Digestifs schwören, können diesbezüglich nach einem Spargelfestmahl zu ihrem persönlichen Lieblingsgetränk greifen, denn auch hier gilt wieder: Grundsätzlich ist erlaubt, was schmeckt!

Spargelrezepte

Spargelrezepte

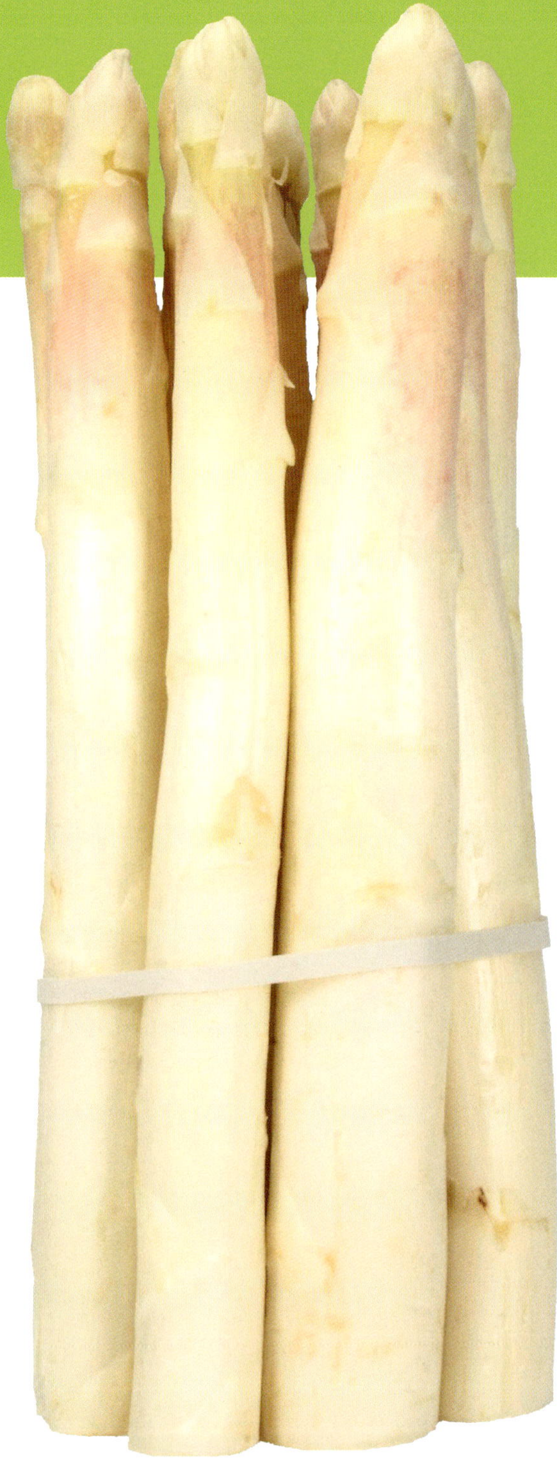

Nachfolgend präsentieren wir eine Auswahl historischer und traditioneller Zubereitungsformen, ausgefallene Rezepte auf Hauben-Niveau, anspruchsvolle Zubereitungsarten für Kochprofis, aber auch einfache Kochanleitungen für jeden Haushalt, die Sie, werte Leserinnen und Leser, motivieren sollen, kulinarische Ausflüge in die Welt des Spargels zu machen.

Hinsichtlich der Zutaten wird auf künstliche Aromastoffe oder Geschmacksverstärker verzichtet. Genießen Sie das Geschmackserlebnis der natürlichen Kräuter, Würzmittel und Salze und achten Sie beim Einkauf unbedingt auf die Qualität der Ware. Lassen Sie sich Zeit beim Kochen und auch beim Genießen der Speisen.

Eine Angabe von Kilokalorien oder Joule wird hier unterlassen. Wer jedoch Gefahr läuft, durch das ein oder andere wohlschmeckende Spargelgericht zu viel Energie aufzunehmen, kann die Energiebilanz durch ein Mehr an Bewegung und Sport wieder ganz leicht ausgleichen.

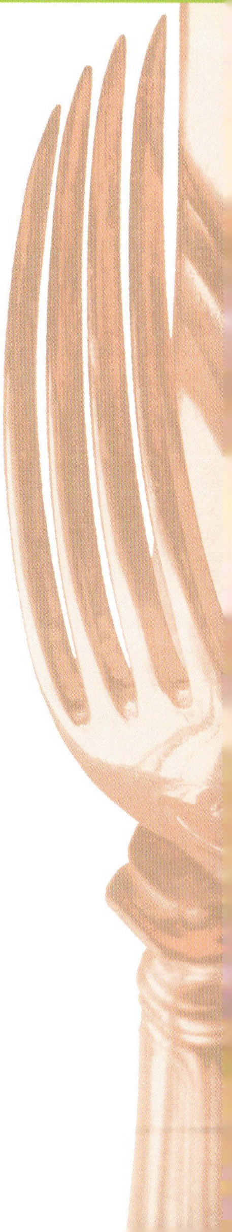

Alle angeführten Rezepte sind – wenn nicht anders angegeben – mengenmäßig für **vier Personen** gedacht.

Kalte Spargelpfanne

Eines der wohl ältesten und noch existierenden Spargelrezepte stammt von Marcus Gavius Apicius (ca. 25 v.Chr.– ca. 40 n.Chr.). Apicius galt als unersättlicher und manchmal zu Extremen neigender Feinschmecker. Sein Buch *De re coquinaria* (Über die Kochkunst) ist das älteste erhaltene römische Kochbuch der Antike.

Ob in dem von uns übersetzten und mit Anmerkungen versehenen Rezept Wildspargel oder kultivierter Spargel verwendet wurde, ist nicht mehr eruierbar.

Originaltext aus *De re coquinaria, Librum III*:

ALITER PATINA DE ASPARAGIS FRIGIDA

ACCIPIES ASPARAGOS PURGATOS, IN MORTARIO FRICABIS, AQUAM SUFFUNDES, PERFRICABIS, PER COLUM COLABIS, ET MITTES FICETULAS CURTAS. TERES IN MORTARIO PIPERIS SCRIPULOS SEX, ADICIES LIQUAMEN, FRICABIS, VINI CYATHUM UNUM, VINI PASSI CYATHUM UNUM, MITTES IN CACCABUM OLEI UNCIAS III. ILLIC FERVEANT. PERUNGES PATINAM, IN EA OVA VI CUM OENOGARO MISCES, CUM SUCO ASPARAGI IMPONES CINERI CALIDO, MITTES IMPENSAM SUPTRA SCRIPTAM. TUNC FICETULAS COMPONES. COQUES, PIPER ASPERGES ET INFERES.

Oenogarum ist ein antikes Würzmittel, es wird auch Weinliquamen oder Weingarum genannt.

Es wird folgendermaßen hergestellt:

Zutaten:

100 ml Brühe
100 ml Wein
2 EL Honig
2 TL Oregano
2 TL Minze
2 TL Koriander

Zubereitung:

Brühe, Honig und Wein so lange vermischen, bis sich der Honig vollständig gelöst hat. Nun die Gewürze hinzugeben und alles 2 bis 3 Tage ziehen lassen. Anschließend wird die Mischung durch einen Filter in eine saubere Flasche umgefüllt. Oenogarum hält sich im Kühlschrank viele Wochen.

Zutaten:

500 g grüner Spargel
4 Hühner- oder Putenbrüste
6 Pfefferkörner
etwas Oenogarum
1 Glas Rotwein
1 Glas Likörwein
150 ml Olivenöl
6 Eier

Spargel info

Link:

http://www.pompeii.org.uk/ricette.php

Zubereitung:

„Nimm gereinigten Spargel, reibe ihn im Mörser, gieße Wasser zu und streiche ihn durch einen Durchschlag. Füge zubereitete Höhlenschnäpper (Ficedula) hinzu. (Bemerkung: Höhlenschnäpper sind eine Gattung der Singvögel – Sie können selbstverständlich auch Huhn oder Pute verwenden.)

Reibe im Mörser 6 Pfefferkörner, tue Brühe hinzu, dann 1 Glas Wein, 1 Glas Likörwein, 5 Unzen (= 150 ml) Öl, tue es in ein Kasserolle, erhitze es dann und streiche eine Pfanne aus; in dieselbe tue 6 Eier mit Oenogarum (siehe nebenstehendes Rezept) gemischt; lege es mit dem Spargelsaft auf heiße Asche; mische es mit dem oben Angegebenen. Dann tue die Singvögel (oder eben Huhn oder Pute) hinzu, koche es, streue Pfeffer darüber und richte es auf einem Teller an."

Ursprünglich wurde dieses Gericht kalt gegessen, es eignet sich aber auch als warme Speise.

Weitere köstliche Kochanleitungen aus dem antiken Pompeij finden Sie unter dem Link der Spargel-Info.

Und hier gleich noch ein Rezept von Apicius, im Original und in der Übersetzung:

Aliter patina de asparagis – Spargel-Eierkuchen

ALITER PATINA DE ASPARAGIS
ADICIES IN MORTARIO ASPARAGORUM PRAECISURAS, QUAE PROICIUNTER, TERES, SUFFUNDES VINUM, COLAS. TERES PIPER, LIGUSTICUM, CORIANDRUM VIRIDEM, SATUREIAM, CEPAM, VINUM, LIQUAMEN ET OLEUM, SUCUM TRANSFERES IN PATELLAM PERUNCTAM, ET, SI VOLUERIS, OVA DISSOLVES AD IGNEM, UT OBLIGET. PIPER MINUTUM ASPARGES.

In einen Mörser tue die zurecht geschnittenen Spargel, reibe sie, füge Wein hinzu und streiche sie durch. Reibe Pfeffer, Liebstöckel, grünen Koriander, Bohnenkraut und Zwiebel mit Wein, Garum und Öl; tue die Masse in eine ausgestrichene Pfanne und wenn du willst, tue noch sechs geschlagene Eier hinzu, so viel als nötig sind, streue etwas Pfeffer darüber, sobald die Masse gestockt ist.

Zum Nachkochen ist das Rezept wie folgt zu adaptieren:

Zutaten:

500 g grüner Spargel
4 Eier
100 ml Weißwein
2 kleine Zwiebeln
1 EL Fischfond
1 Prise Koriander
1 TL Liebstöckel
1 TL Bohnenkraut
Weißer Pfeffer
Olivenöl

Zubereitung:

Der Spargel wird bissfest gekocht. Die Zwiebeln würfeln und in Olivenöl anschwitzen.

Spargel in Stücke schneiden und die Kräuter kleinhacken (eine kleine Menge wird zum Garnieren beiseite gelegt).

Zwiebeln, Spargel und alle anderen Zutaten in einem Mixer pürieren. Die Masse mit etwas Olivenöl in einer Pfanne bei mittlerer Temperatur garziehen.

Zuletzt wird der Eierkuchen mit den restlichen Kräutern und etwas weißem Pfeffer bestreut.

Grüner Spargel mit Safran

Ein alttoskanisches Rezept aus dem frühen 14. Jahrhundert.

Man bedenke, dass zu dieser Zeit Kolumbus Amerika noch nicht wiederentdeckt hatte.

De li sparaci	**Über die Spargel**
Togli li sparaci, e fàlli bolliere; quando sieno bullati, ponili a cocere con oglio, cipolle, sale e zaffarano, e spazie trite, o senza.	Nimm die Spargel und koche sie. Wenn sie gekocht sind, brate sie in Öl, mit Zwiebeln, Salz, Safran, mit zerstampften Gewürzen oder ohne.

Modern adaptiert, ließe sich dieses Gericht wie folgt nachkochen:

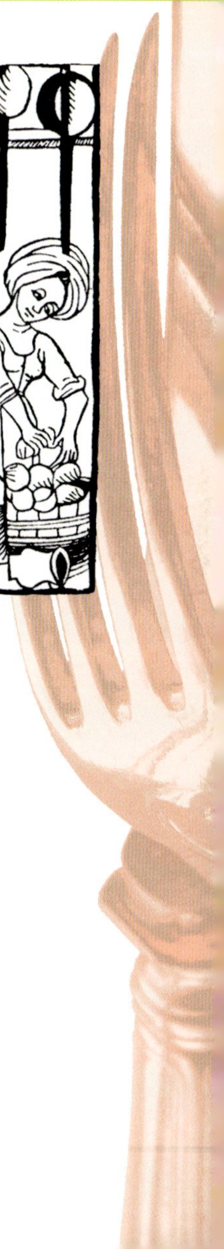

Zutaten:

1,5 kg grüner Spargel
5 Schalotten
50 ml trockener Weißwein
Olivenöl
Butter
Salz
Pfeffer
Muskat
ca. 10 Safranfäden

Zubereitung:

Die Safranfäden werden etwa 10 Minuten in Weißwein eingeweicht. Der Spargel wird bissfest gekocht.

Währenddessen die gehackten Schalotten im Olivenöl und Butter anschwitzen, dann den Spargel hinzugeben und alles goldbraun braten.

Zuletzt mit dem Safranwein ablöschen sowie mit Salz, Pfeffer und Muskat würzen.

Tipp: Man kann das Gericht auch mit Parmesan bestreuen und dann servieren.

Velouté de la Marquise
Spargelsuppe à la Maintenon

Dieses Rezept wird dem Hof des Sonnenkönigs Ludwig XIV. von Frankreich zugeschrieben. Er soll mit dieser Suppe um die Gunst von Françoise d'Aubigné, Marquise de Maintenon (1635–1719) geworben haben. Letztlich wohl mit Erfolg, denn sie wurde seine zweite Frau.

Zutaten:

500 g Spargel (grün oder weiß)
2 Eigelb
500 ml Geflügelfond
200 ml Obers
100 g Mehl
1 Zwiebel
100 g Butter
Salz
Cayennepfeffer
Muskat
Petersilie

Zubereitung:

Der geschälte Spargel wird im größten Teil des Geflügelfonds bissfest gekocht und in kleine Stücke geschnitten. Der Fond wird aufgehoben und beiseite gestellt.

Die Zwiebel in Würfel schneiden, mit der Hälfte der Butter anschwitzen, dann die Hitze etwas reduzieren und Mehl unterrühren. Den Geflügelfond einrühren und etwa eine Viertelstunde leicht köcheln lassen. Gelegentlich umrühren.

Die Suppe vom Herd nehmen, Obers mit Eigelb vermengen und mit der Butter in die Suppe rühren. Die Suppe darf jetzt nicht mehr aufkochen.

Zuletzt die erwärmten Spargelstücke in die Suppe geben, mit Salz, Pfeffer und Muskat abschmecken, dann etwas gehackte Petersilie darüberstreuen.

Spargelsuppe vom grünen Spargel

Rezept von Katharina Prato 1905

Zubereitung:

Dünnen grünen Spargel bricht man in Stücke und kocht ihn, die Köpfe abgesondert mit Suppe oder Wasser, weich. Die Köpfe werden beiseite gelegt. Die übrigen Spargel werden passiert und mit geschmolzener Butter mit dem Spargelsud vergossen. Dann kocht man die Spargelköpfe damit auf und gibt einen Teil der Farce (= passierte Masse) in die Suppe. Dieselbe kann beim Anrichten mit einem Dotter und ein wenig Krebsbutter (siehe Kasten) legiert werden.

Krebsbutter

Man dünstet die gestoßenen Schalen von gesottenen Krebsen mit Butter (Schalen von 15 Krebsen mit ungefähr 150 g Butter), bis dieselbe rot geworden ist, schüttet dann heißes Wasser dazu, seiht das ganze durch ein feines Sieb, lässt es erkalten, nimmt hierauf da gestockte Fett ab und verwendet es je nach Belieben. Wenn es nicht rein ist, zerlässt und seiht man es nochmals.

Zutaten:

500 g grüner Spargel
½ l Gemüsesuppe
100 g Butter
1 Eidotter

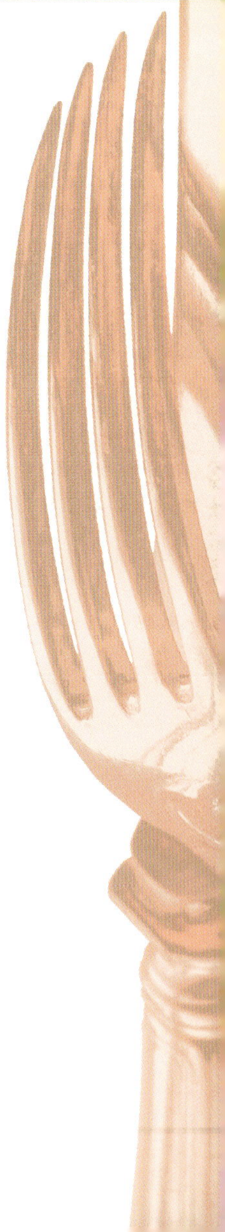

Isers klare Spargelsuppe

Zutaten:

600 g weißer Spargel geschält
1 l Wasser
eine Prise Zucker
etwas Butter
eine Prise Salz
diverse Kräuter
bei Bedarf selbstgemachter Gemüßefond ohne Würfel!

Zubereitung:

Spargel im Wasser mit Zucker, Butter und Salz bissfest kochen. Kochdauer ca. 10 bis 12 Minuten. Danach Spargel in 2 cm große Stücke schneiden. Spargelfond durch ein feines Sieb gießen, kurz aufkochen und je nach Geschmack mit Gemüßefond verfeinern. Zum Schluss Spargel und feine Kräuter einstreuen.

Unsere Empfehlung

Bereiten Sie nach alter Tradition, mit besten Zutaten ohne Zugabe von Suppenwürfeln oder ähnlichen Würzmitteln, eine Suppe oder ein Fond zu. Diese gießen Sie dann in eine Eiswürfelform und frieren Sie ein. So haben Sie jederzeit ein probates und gesundes Würzmittel zur Verfeinerung parat.

Spargelspitzen mit Rührei

Zutaten:

1,5 kg Spargel
8 Freilandhennen-Eier
Meeressalz
frisch gemahlener Pfeffer
frisch gehackte Petersilie
1 EL Butter

Zubereitung:

Die Spargelspitzen werden in kochendem Salzwasser 15 Minuten gekocht, mit einem Schaumlöffel herausgenommen und etwas abgekühlt. Den gut verquirlten Eiern gibt man kurz vor dem Gebrauch die Spargelspitzen, einen TL Salz und etwas Pfeffer hinzu. In der Pfanne lässt man ein Stückchen Butter (ca. 1 EL) nur zergehen, gießt die Eier mit den Spargelspitzen hinzu und zieht mit einem Löffel strichweise den sich bildenden Ansatz der Pfanne los. Das fertige Rührei muss dickbreiig sein, saftig und zart. Vor dem Servieren streut man noch ein wenig frischgehackte Petersilie darüber.

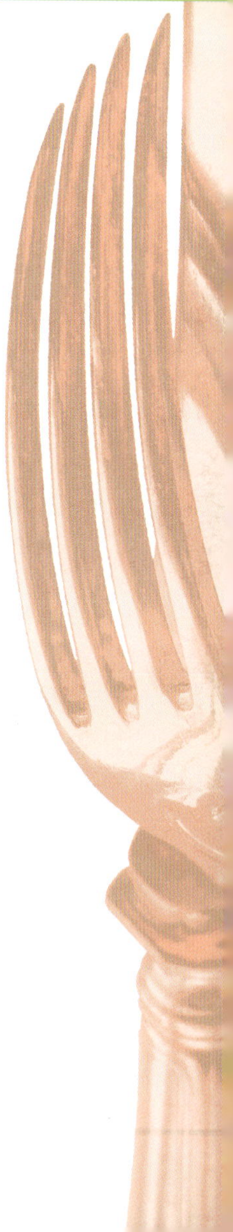

Spargel Natur „alla Greta“

Zutaten:

1 kg Spargel
3 hartgekochte Eier
Salz
Pfeffer
Balsamico-Essig
Olivenöl

Zubereitung:

Spargelstangen (grün oder weiß) in Salzwasser bissfest kochen (je nach Dicke des Spargels).

Die 3 Eier werden mit einer Gabel ganz fein zerdrückt, bis eine feinwürfelig-cremige Masse entsteht. Diese wird mit einer Prise Salz, Pfeffer, weißem Balsamico-Essig und kaltgepresstem Olivenöl vermischt und zum gekochten und abgetropften Spargel serviert.

Diese Speise kann man auch mit Petersilien-Kartoffeln servieren.

Spargel-Panna cotta mit knusprigem Sashimi-Thunfisch

Das Rezept stammt von Johannes Pruscha vom Haubenlokal Appiano – Das Gasthaus in 1010 Wien (www.appiano-dasgasthaus.at).

Zutaten:

500 g geschälter Spargelbruch
50 g kernlose weiße Weintrauben
20 ml Olivenöl extra vergine
200 ml Schlagobers 36 % Fett
3 Blatt Gelatine
200 g Sashimi-Thunfisch
50 g schwarzer Sesam
20 ml Sesamöl
10 ml Apfelessig Barrique
Gurkenkresse
Meersalz
Pfeffer aus der Mühle

Zubereitung:

Wasser mit kernlosen Trauben, Olivenöl, Meersalz und Pfeffer aus der Mühle aufkochen. Spargelbruch hinzugeben und langsam weichköcheln.

Gelatine in kaltem Wasser einweichen. Den weich gekochten Spargelbruch mit 100 ml Spargelfond und Obers langsam aufkochen, Gelatine hinzufügen. Mit dem Stabmixer pürieren und durch ein feines Sieb mixen.

Abschmecken mit Apfelessig, Salz, Pfeffer.

In 4 passende Formen füllen und ca.12 Stunden kalt stellen.

Den Sashimi-Thunfisch salzen und pfeffern und in schwarzem Sesam wälzen.

In Sesamöl zügig braten – innen sollte er jedoch noch fast roh sein.

Panna cotta aus der Form stürzen, den Thunfisch daneben platzieren und mit Gurkenkresse dekorieren.

Seesaibling mit Spargel und Zitronenthymian-Hollandaise

Ein gesundes Rezept von Christian Lercher vom Wohlfühlhotel Felsenhof in Bad Kleinkirchheim/Kärnten (www.hotelfelsenhof.at).

Zutaten:

4 Seesaibling-Hälften
10 Spargelstangen
4 Zweige Zitronenthymian
1 Knoblauchzehe
Salz
2 EL Mehl
1 walnussgroßes Stück Butter zum Braten
180 g Butter für die Hollandaise
Olivenöl
2 Eidotter
frisch gepresster Zitronensaft nach Belieben
2 EL Spargelwasser

Zubereitung:

Saiblingshälften mit Salz würzen und an der Hautseite mit Mehl bestäuben.

Die Filets in Olivenöl bei mittlerer Hitze an der Hautseite braten, bis die Fischfleischseite schön glasig wird.

Die Pfanne vom Herd nehmen und das Filet für eine Minute wenden und die Butter, den Knoblauch und 1 Zweig Thymian dazugeben.

Die Spargelstangen schälen und kochen.

Die Butter klären.

Eidotter, Spargelwasser, Salz und Zitronensaft auf ca. 40° Celsius erwärmen und schaumig rühren. Unter ständigem Schlagen die geklärte Butter langsam einfließen lassen, bis eine sämige Sauce entsteht.

Anschließend mit 3 Zweigen fein gehacktem Zitronenthymian abschmecken.

Küchentipp: geklärte Butter

Um die Butter zu klären, gibt es folgende Möglichkeiten:

Die Butter vorsichtig erhitzen und schmelzen, bis sie sich in drei Schichten trennt. Den sich oben ansammelnden Schaum (= Eiweißrückstände) vorsichtig abheben, die mittlere Schicht (= dicklich, gelbliches Butterfett – auch geklärte Butter genannt) vorsichtig abgießen, damit der milchige Bodensatz (= sich unten abgesetzte Molke) zurückbleibt. Der Kochvorgang kann bis zu 2 Stunden dauern, denn man sollte warten, bis das sogenannte Butterschmalz durchsichtig wird.

Die zweite Möglichkeit ist, die Butter in einem Topf bei schwacher Hitze vorsichtig erhitzen und schmelzen. Die zerlassene Butter im Topf zugedeckt in den Kühlschrank stellen. Wenn die Masse fest ist, die milchige, obere Schicht mit einem Löffel abheben und die geklärte Butter vom Bodensatz ablösen und herausnehmen.

Geklärte Butter besteht aus reinem Butterfett und lässt sich stärker erhitzen als normale Butter und ist von daher u.a. gut zum Sautieren (= Kurzbraten) geeignet.

Der 2-Haubenkoch genießt sichtlich die Zubereitung

Marinierter Spargel mit Tomatenvinaigrette, Basilikum und Parmesan

Dieses Rezept stammt von Michael Oberrauter, 2-Haubenkoch und Küchenchef des *****-Hotels Ronacher (www.ronacher.com).

Zutaten:

1 kg frischer Stangenspargel
3 Tomaten
10 Basilikumblätter – in feine Streifen geschnitten
Basilikumspitzen für Dekoration
Olivenöl
Balsamico-Essig
50 g gehobelter oder geriebener Parmesan
Salz
Zucker
Pfeffer aus der Mühle

Zubereitung:

Den Stangenspargel schälen, Endstücke ca. 2 cm abschneiden und in leicht köchelndem, etwas gezuckertem Wasser einkochen. Der Stangenspargel sollte nicht zu lange gekocht werden. Er sollte noch schön bissfest sein.

Den Spargel herausnehmen und mit Eiswasser oder kaltem Wasser abschrecken und auskühlen lassen.

Die Tomaten waschen, den Strunk entfernen und „kreuzweise" auf der Unterseite einschneiden. Die Tomaten ungefähr 5–6 Sekunden in kochendes Wasser geben, herausnehmen und kalt abschrecken. Dadurch kann man die Haut der Tomaten leicht abziehen. Danach die Tomaten vierteln und das Kerngehäuse herausschneiden. Die Tomatenzungen werden kleinwürfelig geschnitten.

Marinade: 4 cl Balsamico-Essig mit 12 cl nativem Olivenöl, etwas Salz und Zucker glatt rühren. Tomatenwürfel und Basilikum dazugeben.

Den gekochten Spargel auf einem Teller anrichten und mit Tomatenvinaigrette marinieren. Zuletzt gehobelten Parmesan daraufgeben, mit Pfeffer aus der Mühle würzen und mit Basilikumblättchen garnieren.

Spargel mit Schinken und Mozzarella überbacken auf Polentanockerln

Dieses g'schmackige Rezept stammt vom Spargelwirt Krumpendorferhof – Familie Hammerschlag aus Krumpendorf am Wörthersee (www.krumpendorferhof.at).

Zutaten:

Spargel
2 kg Spargel
1 EL Salz
1 Semmel
1 EL Zucker
1 TL Butter
Polentanockerln
½ l Wasser
250 g Polenta
1 EL Butter
Salz
Muskat
geriebener Parmesan

Mozzarella/Schinken
250 g Mozzarella
250 g Burgunderschinken
8 kleine Strauchtomaten

Zubereitung:

2 kg Spargel vom Kopf weg schälen und eventuell holzige Enden wegschneiden. Für den Spargelsud Wasser mit Salz, Zucker und Butter würzen. Aufkochen lassen. Eine Semmel in den Sud legen – das entzieht die Bitterstoffe – und den Spargel darin stehend bissfest sieden lassen. (Achten Sie auf die Füllmenge – die Spargelspitzen sollten nicht mit Flüssigkeit bedeckt sein!). Den bissfesten Spargel in eine feuerfeste Kasserolle geben und mit Burgunderschinken, Mozzarella und Strauchtomaten belegen. Im Salamander oder Backofen ca. 10 Minuten bei 200° Celsius überbacken.

In der Zwischenzeit Wasser mit Butter und Gewürzen aufkochen, Polentagrieß dazugeben und ca. 5 Minuten kochen, Parmesan dazu geben und Nockerln formen. Überbackenen Spargel auf Polentanockerln anrichten.

Spargel-Chratzete

Das Schwarzwälder Chratzete ist vergleichbar mit dem österreichischen Kaiserschmarrn, mit dem Unterschied, dass anstatt Zucker Salz verwendet wird.

Insbesondere im Südbadischen und im Markgräflerland gehört diese Spezialität zu einem festlichen Spargelmahl.

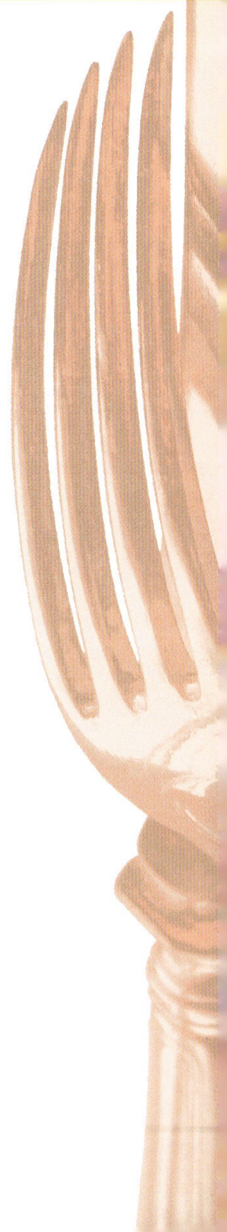

Zutaten:

120 g Weizenmehl
220 ml Milch
Salz
Pfeffer
2 Eier aus nachhaltiger Hühnerhaltung
15 g flüssige Butter
50 ml Mineralwasser
ca. 8–10 Spargel pro Person vorbereiten (schälen und kochen)

Zubereitung:

Weizenmehl in der Milch verrühren, Eier dazuschlagen, mit Mineralwasser aufspritzen und den Teig ganz dünn in wenig heißem Fett, ähnlich wie Omelette oder Pfannkuchen, auf einer Seite goldgelb backen. Das Omelette wenden und am besten mit einer Gabel in kleine Streifen zerreißen oder kratzen (daher stammt übrigens auch der Name „Chratzete“) und backen, bis es schön knusprig ist. Diese Beilage passt ideal zu Spargel, und wer will, kann auch eine feine Sauce Hollandaise dazu genießen (Rezeptvarianten für diese klassische Spargelsauce finden Sie auch in diesem Buch).

Tipp

Bei der Zubereitung sollte man unbedingt auch qualitativ hochwertige Pfannen verwenden. Die besten Chratzete bereitet man jedoch – wenn man es kann – in Großmutters guter alter Eisenpfanne zu!

Spargelrisotto mit Kräutern

Das vorliegende Rezept wird ohne künstliche Geschmacksverstärker (Suppenwürfel, Glutamat etc.) zubereitet.

Zutaten:

500 g weißer Spargel (oder je zur Hälfte grüner und weißer Spargel)
Meeressalz fein
Pfeffer (aus der Pfeffermühle)
20 g Sommerbutter
2 Schalotten
3 EL Olivenöl
200 g Risottoreis (Riso Vialone Nano Veronese)
1 Lorbeerblatt
50 ml Weißwein
2 EL frisch gehackte Petersilie
2 EL frisch gehackter Kerbel
20 g frisch geriebener Parmesan (Parmigiano reggiano)

Zubereitungszeit:
ca. 50 Minuten

Zubereitung:

Den Spargel waschen, schälen und ca. 1,5 cm der unteren Enden abschneiden. Spargelschalen und Abschnitte nicht verwerfen, sondern in etwa 1,5 Liter kochendem Salzwasser mit 10 g Butter aufkochen und etwa 30 Minuten ziehen lassen, dann herausnehmen.

Spargel in etwa 3–4 cm lange Stücke schneiden und im Kochwasser ca. 5 Minuten garen. Spargelstücke herausnehmen, 650 ml Kochwasser abmessen.

Die Schalotten schälen und fein hacken. Das Olivenöl in einem Topf erhitzen und die Schalotten darin andünsten. Den trockenen Reis mit Lorbeer hinzufügen und unter Rühren anschwitzen. Wein und ca. 200 ml Spargelfond angießen und so lange rühren, bis der Reis die Flüssigkeit aufgesogen hat. Während der Garzeit muss immer wieder Spargelfond zugegeben und der Risotto umgerührt werden. Nach etwa 10 Minuten Garzeit Spargelstücke unterheben.

Wenn die ganze Flüssigkeit aufgebraucht ist, Kräuter und restliche Butter unter den Risotto rühren. Mit Salz und Pfeffer abschmecken und mit Parmesan bestreuen. Der Risotto ist auch als Beilage zu Fleisch oder Fisch geeignet.

Variante: Dem Risotto können auch Schinkenstücke vom Mangalitzaschwein beigegeben werden.

Gefülltes Zarenlachsfilet mit Büffelmozzarella, Solospargel und Petersil-Erdäpfeln

Dieses imperiale Rezept stammt von Gerhard Bocek vom Marchfelderhof in Deutsch-Wagram (www.marchfelderhof.at).

Zutaten:

4 Zarenlachsfilets à 180 g
2 Stück Büffelmozzarella
2 EL Basilikumpesto
1 kg Solospargel
1 Zitrone
2 EL Kristallzucker
1 EL Olivenöl
Salz
Pfeffer

Zubereitung:

In die Lachsfilets eine Tasche schneiden. Mit je 2–3 Stück gekochtem Spargel, 2 Scheiben Mozzarella und etwas Pesto füllen. Die gefüllten Filets mit Salz, Pfeffer und Zitronensaft würzen, in Olivenöl anbraten und ca. 3 Minuten im Ofen fertig garen. Mit heurigen Petersil-Erdäpfeln und Zitrone anrichten.

Geschmorte Lammstelze in Barolosauce mit gebratenem grünen Spargel und Petersil-Erdäpfeln

Auch mit diesem Rezept wird die Zeit der K&K-Monarchie wieder erlebbar, dank Gerhard Bocek vom Marchfelderhof (www.marchfelderhof.at).

Zutaten:

Lammstelzen
4 Lammstelzen à 350 g
1 Bund Suppengrün
2 Zwiebeln
2 Knoblauchzehen
3 EL Olivenöl
1 EL Tomatenmark
1 EL Dijonsenf
½ l Barolo
Salz
Pfeffer
1 Lorbeerblatt
Thymian

Gebratener Spargel
500 g grüner Spargel
2 EL Olivenöl
Salz
Pfeffer
½ Zitrone

Zubereitung:

Die Lammstelzen von Sehnen und Fett säubern und in Olivenöl anbraten. Suppengrün und Zwiebeln würfeln und mit den Lammstelzen mitbraten. Knoblauch, Tomatenmark und Senf zugeben, mit Barolo ablöschen. Pfeffer, Lorbeerblatt, Thymian zugeben, mit Lammfonds oder Rindsuppe aufgießen und ca. 1 ½ Stunden weich dünsten. Den Saucenansatz mit dem Mix-Stab aufmixen.

Vom grünen Spargel das untere Viertel wegschneiden. Den gewaschenen Spargel trocknen, in Olivenöl langsam knackig braten und mit Salz, Pfeffer und Zitronenzeste würzen.

Das Lamm mit Sauce nappieren (= mit Sauce überziehen) und mit Petersil-Erdäpfeln und gebratenem Spargel servieren.

Zio Pieros Spargelpasta

Zutaten:

500 g Hartweizengriesnudeln
500 g Bleichspargel
Olio extra vergine
1 Bund Petersilie
Meersalz

Zubereitung:

Spargel schälen und in 2–3 cm lange Stücke schneiden.

Einen Topf mit Wasser füllen, salzen und die Nudeln, sobald es kocht, hineingeben.

Die Nudeln sollten „al dente“ gekocht und keinesfalls matschig weich zerkocht werden!

Die Spargelstücke ebenfalls in einem separaten Topf bissfest kochen.

Tipp

Wenn man den Kochzeitpunkt des Spargels beherrscht, kann man die Spargelstücke im richtigen Moment auch in das kochende Nudelwasser geben. Die Nudeln nehmen dann noch viel stärker den Spargelgeschmack an.

Die Nudeln und Spargelstücke werden abgeseiht und gemeinsam mit frisch gehackter Petersilie unter Zugabe von kaltgepresstem Olivenöl und etwas Salz im Topf vermischt und sofort serviert.

Diese Pasta schmeckt sehr erfrischend und lässt den Spargelgeschmack gut zur Geltung kommen.

Spargel „San Daniele“

Zutaten:

2 bis 2,5 kg frischer weißer oder grüner Spargel
125 g Butter
200 g geriebener Parmesankäse
Zucker
Salz

dazu: Prosciutto di San Daniele

Zubereitung:

Spargel waschen, schälen und gegebenenfalls bündeln. Spargel in das kochende Wasser geben, dem man Salz, Zucker und wenig Butter oder Öl zugegeben hat und – je nach Wunsch – ca. 15–25 Minuten kochen lassen. Den gekochten Spargel mit einem Schaumlöffel vorsichtig aus dem Wasser heben, gut abtropfen lassen und auf einer hitzebeständigen gebutterten Platte so anordnen, dass alle Köpfe sichtbar sind. Die Spargelköpfe mit dem geriebenen Parmesankäse bestreuen und mit zerlassener brauner Butter übergießen. Anschließend im vorgeheizten Backofen leicht überkrusten.

Gut dazu schmeckt dünn geschnittener Prosciutto di San Daniele.

Gegrillter Spargel „Ponderosa-Ranch"

Zutaten:

Spargel (grüner und/oder weißer) nach Belieben
Olivenöl
Zitronensaft

Zubereitung:

Zum Grillen eignet sich sowohl grüner als auch weißer Spargel. Den Spargel wie gewohnt schälen und die Enden abschneiden. Wenn die Grillkohle weißglühend ist, den Spargel mit etwas Olivenöl bestreichen und direkt grillen. Insgesamt benötigt der grüne Spargel ca. 2–4 Minuten (je nach Stärke der Spargelstangen), bis er fertig ist, beim weißen dauert es etwas länger. Wichtig: Den Spargel beim Grillen öfters wenden. Nach dem Grillen mit etwas Zitronensaft beträufeln und salzen.

Gut gegrillter Spargel ist ein archaisches Geschmackserlebnis. So hat Spargel auch in der Steinzeit geschmeckt!

Saurer Wildspargel (Asparagi selvátici in agro)

Altsardisches Rezept

Zutaten (für 6 Personen):

1,5 kg wilder Spargel
6 gesalzene europäische Sardellen (*Engraulis encrasicolus*)
gehackte Petersilie
2 Zitronen (unbehandelt)
Olivenöl extra vergine
Salz

Zubereitung:

Die gesalzenen Sardellen in kaltem Wasser waschen, den Kopf und das Rückgrat entfernen; danach die Filets in einem Sieb abtropfen lassen.

Den Wildspargel gut putzen und in 2 Bünde binden. In einem großen Topf Wasser mit einer Prise Salz warmstellen. Sobald es brodelt, die beiden Spargelbünde hineingeben und je nach Gusto bissfest kochen. Danach die Spargelbünde aufbinden und in eine Pfanne geben.

Die Sardellenfilets werden im Anschluss gemeinsam mit der Petersilie in einer Pfanne „aufgelöst" und mit Olivenöl und dem Saft der 2 Zitronen abgemacht. Diese Sauce auf den Spargel geben und alles zusammen wenige Minuten wärmen.

Diese köstliche Spargelspeise wird warm serviert.

Die vier nachfolgenden Rezepte wurden freundlicherweise von der HLFS Schloss Sitzenberg zur Verfügung gestellt. Uns freut es insbesondere, weil es ein deutliches Zeichen ist, dass auch die Jugendlichen von heute an nachhaltigen Werten und an einer qualitativ hochwertigen und gesunden Ernährung und Lebensweise interessiert sind. Es sind ja nur unkundige Volksvertreter/innen, die uns dauernd anhand von Pisa-Studienergebnissen einreden wollen, dass alle unsere Kinder dumm sind …

Spargel mit Sauce hollandaise

Zutaten
(für 8 Personen):

1 kg Spargel
Butter
1 alte Semmel
Zucker
Salz

Sauce:
8 Eidotter
250 g Butter
125 g Weißwein
Salz
weißer Pfeffer

Zubereitung:

Spargel gründlich schälen, die Enden wegschneiden und in einem großen Topf Wasser zum Kochen bringen. Salz, Zucker, Butter, Semmel ins Wasser geben und den Spargel darin leicht köcheln lassen, bis er bissfest ist. Herausnehmen und in kaltem Wasser abschrecken.

Für die Sauce Eidotter und Wein über Wasserdampf schaumig schlagen, mit Salz und weißem Pfeffer abschmecken. Zum Schluss die geklärte Butter langsam unter ständigem Rühren einfließen lassen.

Mit Petersil-Kartoffeln und eventuell gekochtem Schinken servieren.

Spargelcremesuppe mit Spargelbällchen

Zutaten
(für 6 Personen):

300 g weißer Spargel
Butter
Salz
Zucker
1 alte Semmel
¼ l Schlagobers
(Schlagsahne)
1 EL Topfen (Quark)
1 Freilandei
weißer Pfeffer
Muskatnuss
Mehl
1 Ei
Brösel zum Panieren

Zubereitung:

Spargel gründlich schälen, ¼ vom Spargel klein würfeln, in wenig Butter anschwitzen, überkühlen lassen. Mit dem Topfen und Ei zu einer kompakten Masse verarbeiten, würzen. Kleine Kugeln formen, panieren, frittieren.

Restlichen Spargel klein schneiden, in Butter anschwitzen und mit Spargelfond aufgießen, Obers zufügen, würzen und mixen. Mit den gebackenen Spargelkugeln servieren.

Grüner Spargel mit Zitronenmayonnaise

Zutaten
(für 6 Personen):

1 kg grüner Spargel
Butter
Salz
0,4 l Wasser
Saft von 4 Zitronen
1 EL Dijon-Senf
Salz
1/8 l Sonnenblumenöl
125 g Joghurt
1 Lachsforellenfilet
(ca. 250 g)
40 g Zucker
Salz
Korianderkörner
Senfkörner
weiße Pfefferkörner
1 unbehandelte Zitrone
frische Dille
Petersilie

Zubereitung:

Lachsforellenfilet auf der Hautseite ganz leicht einschneiden. Koriander, Senfkörner, Pfefferkörner mit dem Mörser grob zerstoßen. Petersilie und Dille kleinschneiden, mit den Gewürzen, Salz und Zucker vermengen. Zitrone in Scheiben schneiden, das Lachsforellenfilet mit den Gewürzen ca. 1 Tag einbeizen.

Für die Mayonnaise das Wasser mit dem Senf, Salz, dem Saft der Zitronen in einen Mixer geben, auf kleiner Stufe laufend das Öl einfließen lassen, bis eine sämige Konsistenz entsteht, zuletzt Joghurt untermengen.

Den Spargel von den holzigen Enden befreien, in Salzwasser mit der Butter garen. Lachsforelle aus der Beize nehmen, von sämtlichen Gewürzen befreien, in dünne Scheiben schneiden und mit dem Spargel und der Mayonnaise anrichten, mit Salat und Blüten garnieren.

Spargelmousse mit Erdbeeren

Zutaten:

500 g weißer Spargel
160 ml Spargelsaft
70 g Butter
70 g Zucker
10 g Maisstärke
4 Blatt Gelatine
10 cl Whisky
0,2 l Obers (Sahne)
120 g Erdbeeren
Rhabarberkompott

Zubereitung:

Spargel schälen, klein schneiden, in Wasser mit etwas Zucker und Zitronensaft weich kochen. Aus dem Sud nehmen, pürieren und passieren. Den abgewogenen Spargelsaft mit Zucker, Butter und Stärke zum Kochen bringen und leicht abbinden. Die Gelatine in kaltem Wasser einweichen, ausdrücken, bei geringer Hitze auflösen. Etwas von der kalten Spargelmasse vorsichtig untermengen, gut verrühren und zur übrigen Spargelmasse geben. Das geschlagene Obers vorsichtig unterziehen. Whisky und klein geschnittene Erdbeerstücke unterheben. Die Masse in eine längliche und mit Frischhaltefolie ausgekleidete Form füllen, mit Folie abdecken und im Kühlschrank absteifen lassen. Mit Rhabarberkompott anrichten.

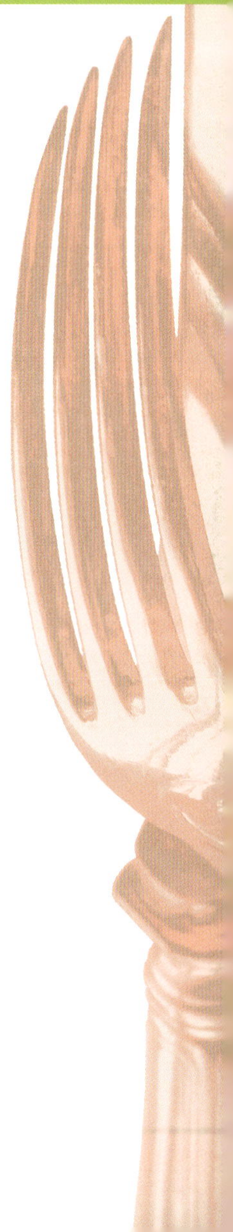

Spargel-Kompott mit Erdbeeren

Zutaten:

400 g weißer Spargel, geschält
24 Erdbeeren
30 g Kristallzucker
3 EL Honig
Saft von 4 Orangen
1 Zweig Thymian oder Minze (je nach Geschmack)
1 EL Maisstärke

Zubereitung:

Die Spargel in 2 cm lange Stücke schneiden. Die Erdbeeren waschen, das Grün entfernen, die Erdbeeren halbieren und beiseite stellen.

In einer beschichteten Pfanne den Zucker und den Honig karamellisieren (erhitzen, bis der Zucker schmilzt) und mit Orangensaft ablöschen. Den Thymianzweig waschen, trockentupfen und dazugeben. Die Stärke mit 2 EL Wasser glattrühren, in die Sauce geben und kurz aufkochen lassen – die Sauce wird damit gebunden. Den Thymianzweig wieder entfernen und die Spargelstücke zur Sauce geben. Die Sauce 5 Minuten leise köcheln lassen. Dann die Erdbeeren dazugeben, vorsichtig vermischen und sofort in 4 Glasschalen verteilen und abkühlen lassen.

Zubereitungszeit: 30 Minuten

Topfenknödel mit Spargelröster

Rezept von Johannes Pruscha vom Haubenlokal Appiano – Das Gasthaus in 1010 Wien (www.appiano-dasgasthaus.at).

Zutaten:

300 g Presstopfen (Quark)
1 Freilandei
40 g weiche Butter
40 g Staubzucker
70 g glattes Mehl
½ Vanilleschote
50 g geriebene Haselnüsse
30 g Staubzucker
50 g Butter
100 g Semmelbrösel
400 g geschälte Spargelspitzen
¼ l Sauvignon Blanc
120 g Kristallzucker
2 Gewürznelken
1 Sternanis
½ Vanilleschote
Orangen- und Zitronenzesten
Limonenkresse zum Garnieren

Zubereitung:

Weiche Butter mit Staubzucker, Orangenzesten und dem ausgekratzten Mark der Vanilleschote schaumig schlagen, ein Ei dazuschlagen.

Den Presstopfen mit der Hand einarbeiten, durch ein feines Sieb streichen und etwa eine Stunde kalt stellen. Danach das glatte Mehl einarbeiten und erneut kalt stellen.

Für die süßen Brösel: Butter in einem Topf schmelzen, geriebene Haselnüsse, Vanillemark und Orangenzesten und Semmelbrösel beigeben.

Für den Spargelröster: Kristallzucker leicht karamellisieren und mit Sauvignon Blanc ablöschen. Gewürznelken, Sternanis, Vanillemark und Orangen-Zitronenzesten beigeben, wie auch die Spargelspitzen und zwei Minuten köcheln. Zugedeckt beiseite stellen.

Zirka 12 Stück Topfenknödel mit leicht befeuchteten Händen formen und in leicht gesalzenem Wasser langsam köcheln, bis sie oben schwimmen. Dann die Knödel in süßen Bröseln wälzen und mit dem Spargelröster in tiefen Tellern anrichten, mit Limonenkresse garnieren und genießen.

Zesten: hauchdünne Streifen der äußersten, farbigen Schicht der Fruchtschale von Orangen und Zitronen (nur Zitrusfrüchte mit unbehandelter Schale verwenden!)

Spargel info

Link: Spargelbruderschaft
http://www.confrerie-asperge.com/de/esprit.htm

Spargel-guglhupf

Ein Rezept der Spargelbruderschaft aus dem Elsass. Die Spargelbruderschaft wurde im Jahre 1985 gegründet und hat ihren Sitz in Village-Neuf im Elsass in Frankreich. Eine Aufnahme in die Bruderschaft erfolgt in einer speziellen Zeremonie mit „gefürchteten“ Aufnahmeprüfungen. Als Aufnahmekriterium wird u.a. vorausgesetzt, dass man fröhlich ist, Spargel liebt und ein Weinkenner und Gentleman ist.

Serment de la confrérie
de l'Asperge

De par la grâce de Dieu,
Par Saint Fiacre, patron des maraîchers et de la sublime asperge,
Par Saint Etienne, Saint Vincent et Saint Thiébaut
patrons des vignerons et du vin d'Alsace.
Par Saint Paul de Thébes l'anachorète,
patron des égarés et des aubergistes,
Par Saint Laurent, patron des rôtisseurs
et Sainte Marthe patronne des cuisiniers.

Nous, membres de l'honorable Confrérie de l'Asperge,
Par devant son Eminence le Grand Aspergier d'Alsace
et le Grand Conseil réuni en majesté,

Jurons
de rester fidèle à l'Asperge,
de l'aimer en toute circonstance,
de l'honorer à l'égal de l'époux pour sa promise
et d'en déguster délicatement, lorsque vient le printemps,
jusqu'à la veille de la Saint Jean dans chaque année de grâce

Gaudeamus igitur - Gaudeamus igitur -

Zutaten (für 2 Backformen)**:**
(Die Spargelbrüder sind für ihren großen Hunger bekannt.)

1 kg Mehl
400 g grüner oder weißer Spargel, geschält und in 2 cm lange Stücke geschnitten
30 g Salz
30 g Zucker
3 Freilandeier
150 g Butter
0,4 l Milch
0,1 l flüssiges Schlagobers (Schlagsahne)
45 g Backhefe

Zubereitung:

Die Hefe mit 100 g Milch anrühren. Die Butter langsam zergehen lassen, ohne sie allzu stark zu erhitzen. Die Milch auf lauwarme Temperatur bringen.

In einer Schale Mehl, Salz und Zucker vermengen.

Die angerührte Hefe, die zerlassene Butter, die lauwarme Milch, das flüssige Schlagobers und die Eier zugeben. Alles mit der Hand vermengen und etwa 10 Minuten kräftig kneten, bis der Teig nicht mehr an der Schale klebt.

Den Teig mit einem Tuch abdecken und etwa 1 Stunde an einem warmen Ort „gehen“ lassen.

Die Spargelstücke dazugeben, den Teig etwas einreißen und beides rasch vermengen und kneten.

2 Backformen einfetten, dann mit dem Teig füllen und erneut 1 bis 1,5 Stunden „gehen“ lassen.

Den Ofen auf 180° C vorheizen, dann 1¼ Stunden im Rohr backen.

Dieser Guglhupf muss frisch gegessen werden und hält nur einen Tag.

Spargel-Crèmeschnitte mit Löwenzahnvinaigrette

Eine köstliche Nachspeise von Gerhard Bocek vom Marchfelderhof in Deutsch-Wagram (www.marchfelderhof.at).

Zutaten:

Für die Spargelmousse

300 g geschälter Solospargel
1 Schalotte
30 g Butter
1/8 l Crème fraîche
1/8 l Schlagobers (Schlagsahne) aufgeschlagen
1/8 l Spargelfond
3 Blätter Gelatine
gebeizter Lachs
Salz
Cayennepfeffer
Zitronensaft

Für die Löwenzahnvinaigrette

1 Bund italienischer Löwenzahn
1 rote Zwiebel
2 Stück Secchi-Tomaten
2 EL weißer Balsamico-Essig
6 EL Walnussöl
1 EL Akazienhonig
Salz
Pfeffer

Zubereitung:

Spargelmousse:

Den Spargel in Scheiben schneiden und zusammen mit der geschnittenen Schalotte in Butter anschwitzen (keine Farbe nehmen lassen). Mit Salz, Cayennepfeffer und Zitronensaft würzen, Crème fraîche und Spargelfond beigeben und weich dünsten. Die Gelatine ca. 3 Minuten in kaltem Wasser einweichen, auspressen und zur Spargelmasse hinzufügen. Durch ein Sieb passieren und geschlagenes Obers unterheben. Eine eckige Pfanne mit Klarsichtfolie auslegen. Schichtweise mit Spargelmousse und gebeizten Lachsscheiben füllen (3 Schichten Lachs, 2 Schichten Spargelmousse). Anschließend für mindestens 3 Stunden im Kühlschrank kühlen lassen.

Löwenzahnvinaigrette:

Den Löwenzahn waschen, fein schneiden, mit gehackter roter Zwiebel, Secchi-Tomaten und den übrigen Zutaten vermischen.

Die Crèmeschnitte vorsichtig in Würfel schneiden. Mit Zitronenspalte, gebackenem Strudelteigblatt und Löwenzahnvinaigrette servieren.

Grün-weißes Spargelmousse

Rezept vom Küchenmeister Franz Schauer, optisch umgesetzt vom international renommierten Gourmet-Fotografen Herbert Lehmann (www.lehmannn.at)

Zutaten (für 8 Portionen):

400 g Spargel grün
200 g Spargel weiß
6 Blatt Gelatine (aus biologisch nachhaltiger Erzeugung)
250 ml Obers/Schlagsahne
50 ml Crème fraîche
Salz und Pfeffer

Spezielles Zubehör:

8 Tassen, mit Klarsichtfolie ausgelegt

Zubereitungszeit: 35 Minuten, Wartezeit 12 Std.

Zubereitung:

Vom grünen Spargel nur das untere Drittel schälen, den weißen Spargel von der Spitze nach unten gründlich schälen und bei beiden Spargelarten etwaige holzige Enden abschneiden.

Die Spargelstangen in 2 cm kleine Stücke schneiden und getrennt in leicht gesalzenem Wasser weich kochen. Spargel in ein Sieb abgießen (unbedingt Fond auffangen; dieser kann für Suppen und Saucen verwendet werden).

Einige Spargelspitzen zum Garnieren beiseite geben und den Rest des Spargels mit einer Küchenmaschine oder mit einem Stabmixer fein pürieren und erkalten lassen.

Gelatine in kaltem Wasser einweichen, Obers steif schlagen, Gelatine gut ausdrücken, schmelzen und mit dem Schneebesen unter das Schlagobers rühren.

Crème fraîche in das weiße Spargelmark einrühren, zwei Drittel der Schlagobers-Gelatine-Masse zum grünen und den Rest zum weißen Spargelmark geben, gut vermengen, mit Salz und Pfeffer würzen und abschmecken.

Zuerst das grüne Spargelmus in die Tassen füllen und danach mit einem Spritzsack mit Lochtülle das weiße Spargelmus in die Mitte der grünen Masse nach unten spritzen.

Die mit dem Spargelmousse gefüllten Tassen über Nacht in den Kühlschrank stellen (für einen Zeitraum von ca. 12 Stunden), danach stürzen, Folie abziehen, Mousse auf vorbereiteten Tellern anrichten und mit den Spargelspitzen garnieren.

„Die Appetitlichkeit von Essensfotos und Speisenfotos steht und fällt mit dem richtigen Licht. Um den Genuss eines Gerichts erst visuell transportierbar zu machen, bedarf es auch einer „Portion“ kulinarischer Hingabe.“

Herbert Lehmann

Literatur

Besler Basilius, Hortus Eystettensis („Eichstätter Garten“), Eichstatt und Nürnberg 1613

Bock Hieronymus: Das Kreütter Buch, Darin underscheidt, Namen und Würckung der Kreütter, Stauden, Hecken und Beumen, sampt ihren Früchten, so inn Teutschen Landen wachsen. Straßburg 1546

Boonen Piet: Spargel von der Heilpflanze zur Delikatesse, Reuver 2001

Böttner Johannes: Praktisches Lehrbuch des Spargelbaues, 6. Vermehrte und verbesserte Auflage Druck und Verlag der Königlichen Hofbuchdruckerei, Trowitzsch & Sohn, 1916

Crescentiis Petrus de: Liber ruralium commodorum, Vom Ackerbaw, Erdtwucher vnd Bawleüte[n], Straßburg, Hanns Knobloch d. J., 1531.

Dierbach Johann Heinrich: Materiae Medicae oder Versuch einer systematischen Aufzählung der gebräuchlichsten Heilmittel, Karl Groos, Heidelberg und Leipzig, 1841

Gearhart HL, Pierce SK, Payne-Bose D. „Volatile organic components in human urine after ingestion of asparagus.“ Clin Chem. 1977 Oct; 23 (10):1941.

Hartmann, Hans Dieter: Spargel – Grundlagen für den Anbau, Verlag Eugen Ulmer, Stuttgart, 1989

Haslinger Ingrid: Marchfeld Spargel – Das Kaisergemüse, Pichler Verlag GmbH, Wien, 1997

Hillman, Gordon D., Eva Madeyska, Jonathan G. Hather: Wild plant foods and diet at Late Paleolithic Wadi Kubbaniya:The evidence from charred remains. IN The Prehistory of Wadi Kubbaniya. Vol. 2. Palaeoeconomy, Environment and Stratigraphy. Editors Angela E. Close, Fred Wendorf, Romuald Schild. pp. 159–242. Dallas, TX, 1989

Huot L.:Der verbesserte Spargelbau, oder gründliche, leicht faßliche Anweisung den Spargel mit mehr Vortheil als bisher anzubauen, und hierdurch vorzüglich wenig kulturfähigem Sandboden einen ungewöhnlich hohen Ertrag abzugewinnen, nebst Anweisung über das Treiben des Spargels, Verlag Nauck in Comm., Berlin, 1852

Kranzberger B., Mair S.: Handbuch der Heilpflanzen, Klaus Foitzick Verlag, München, 2000

Kubota S, Konno I, Kanno A.: Molecular phylogeny of the genus Asparagus (Asparagaceae) explains interspecific crossability between the garden asparagus (A. officinalis) and other Asparagus species. Theor Appl Genet.;124(2):345-54, 2012

Lonicerus Adamus: Vollständiges Kräuterbuch, Und Künstliche Conterfeyungen der Bäumen, Stauden, Hecken, Kräutern, Geträyde, Gewürtzen ... mit eigentlicher Beschreibung deroselben Namen in Teutsch- Griechisch- Lateinisch- Frantzösisch- Italiänisch- und Hispanischer Sprache, wie auch deren Gestalt, natürlicher Krafft und Würckung ; samt außführlichem Bericht von der Kunst zu destilliren, Wie auch Bauung der Gärten, und Pflantzung der Bäumen ; Ingleichen von den fürnehmsten Thieren der Erden, Vögeln, Fischen und Gewürmen ; Und dann auch von Metallen, Ertz, Edelgesteinen: Gummi und gestandenen Säfften ; Allen Aertzten, Wund-Aertzten, Apotheckern, Gärtnern, Hauß-Vätern, krancken und presthafften Personen in Stadt und Land höchst-nützlich und dienlich, 1557

Madaus Gerhard: Lehrbuch der Biologischen Heilmittel, Band 3, Mediamed Verlag, Ravensburg 1987, Nachdruck der Ausgabe Leipzig 1938

Martius, Theodor Wilhelm Christian, Grundriß der Pharmakognosie des Pflanzenreiches, Johann Jakob Palm und Ernst Enke, Erlangen, 1832

Mitchell SC. „Food idiosyncrasies: beetroot and asparagus." Drug Metab Dispos. Apr;29(4 Pt 2):539–543, 2001

Nowack R.: Spargel – Eine vielleicht unterschätzte, aber sicherlich unzureichend untersuchte Heilpflanze, Z Phytother 27: 147–154, 2006

Pelchat ML, Bykowski C, Duke FF, Reed DR. „Excretion and perception of a characteristic odor in urine after asparagus ingestion: a psychophysical and genetic study." Chem Senses. Jan; 36 (1): 9–17, 2011

Prato Katharina: Süddeutsche Küche, 38. Auflage Verlags-Buchhandlung Styria Graz, 1905

Wendorf F., Schild R., Close A. E., Hillman G. C., Gautier A., Neer van W., Donahue D.J., Jull A.J.T. and Linick T.W.: New Radiocarbon Dates and Late Palaeolithic Diet at Wadi Kubbaniya, Egypt, Antiquity, Volume: 62 Number: 235 Page: 279–283, 1988

White, R. H.: Occurence of S-methyl thioesters in urins of humans after they have eaten asparagus. Science 189, 810, 1975

Williamson E., Driver S. and Baxter K.: Stockley's Herbal Medical Interactions, Pharmaceutical Press, RPS Publishing, London, Chicago, 2009

Links

www.biospargel.at

www.ipeh.or
(Instituto Peruano del Espárrago y Hortalizas)

www.iser.at

www.österreichwein.at
(Broschüre „Spargel & Wein")

www.gesundinschoenbrunn.at

Danksagung

Wir möchten uns ganz herzlich bei folgenden Personen bedanken, die sich mit der Arbeit an unserem Buch identifiziert und mit Engagement und Kreativität sehenswertes Bildmaterial produziert haben:

Pia Bimashofer, Pressefotografin (www.fotomomente.eu), die einen Großteil des Fotomaterials dieses Buches erstellt hat. Akribische Beobachtungen im Spargelfeld, die Liebe zum Detail und die Erfassung des richtigen Moments haben wunderschöne Aufnahmen ans Licht gebracht.

Sabine Rauscher vom Core Facility Imaging des Anna-Spiegel-Forschungszentrums der Medizinischen Universität Wien, die uns faszinierende Einblicke in die Ultrastrukturen ermöglicht hat. Ihre Experimentierfreudigkeit mit den neuesten Mikroskopiertechnologien eröffnet eine völlig neue Sichtweise des Spargels. (www.meduniwien.ac.at)

Dr. Sabine Rosner vom Institut für Botanik der Universität für Bodenkultur Wien, die als Naturwissenschaftlerin und kreative Künstlerin für die herrlichen Färbungen und perfekt gewählten Bildausschnitte der Mikroskopierbilder verantwortlich zeichnet. (www.dib.boku.ac.at)

Wir möchten uns aber auch bei den Personen bedanken, die uns köstliche Spargelrezepte oder medizinische Rezepturen zur Verfügung gestellt haben. Sie sind ebendort namentlich angeführt.

Vielen Dank auch an unsere Familien und an unsere Freunde, die so manches Mal auf unser Beisein verzichten mussten, weil wir in den unendlichen Weiten der Spargelfelder weilten oder zu später Stunde in den Archiven „stöberten“.

Herzlichst!

Piero Lercher & Dietrich Iser

Abbildungsnachweis

Adam Lonicerus: Kreüterbuch. 1577: 27
Alfred Edmund Brehm: Thierleben. 1882–87: 59
Alice Virgilio/Public Domain: 25
Basilius Besler, Hortus Eystettensis. Nürnberg 1613: 15
Bildagentur Waldhäusl: 3, 77, 115, 151, 167, 170, 171, 192
Christian Lercher: 157
Confrérie Asperge: 176
Department für Geschichte der Medizin (Medizinische Universität Wien): 87
Dietrich Iser: 66 unten
Familie Ronacher GmbH: 158/159
Fotolia: 40 oben, 112, 124, 135, 143, 155, 163, 165, 172
Hagen Schaub: 19, 23, 100, 164
Herbert Lehmann: 180, 181
Marchfelderhof: 179
Mauritius Images: 40 unten
Otto Wilhelm Thomé, Flora von Deutschland, Österreich und der Schweiz. Gera 1885: 20, 90
PhotoAlto: 88, 94, 96, 98, 106, 137, 139, 141, 142, 145
Pia Bimashofer: 13, 16, 17, 18 unten, 34/35, 36, 37, 39 oben, 39 unten rechts, 40 Mitte, 42, 43, 44, 45, 46, 47, 48, 49, 50, 51, 52, 54, 55, 57, 60 oben, 61, 62, 63, 64 oben rechts, 65, 66 oben, 67, 80, 120, 121, 122, 123 (rechts mit Piero Lercher), 127, 130, 131, 132, 174
Piero Lercher: 4, 18 (eingebautes Foto), 89, 104, 110, 152, 154, 166, 168, 184, 188
Sabine Rauscher: 32
Sabine Rauscher und Piero Lercher: 29, 30, 33, 134 (3 Abb. rechts)
Sabine Rosner und Piero Lercher: 31, 116, 117, 134 (3 Abb. links)
Spargelmuseum Schrobenhausen: 102
spargelwirte.at: 107, 160
Unbekannter Künstler, frühes 19. Jahrhundert: 28
US Department of Agriculture, Public Domain: 58

Wikipedia: 18 oben (Rasbak), 21 (Dirk Heldmaier), 26, 56 (bert), 60 unten (Keith Edkins), 62 (Harald Bischoff), 78 (Kodex Tacuinum Sanitatis), 79 (Drhaggis), 97 (Schnobby), 101 (Armin Kübelbeck), 103 (www.kraeuter.ch), 105 (Bibi Saint-Pol), 111 (Elke Wetzig), 126 (Goldlocki), 146, 148 (metmuseum.org), 149, 150, 178 (Hugo Gerhard Ströhl)

www.flickr.com: 38 (Enrico Matteucci), 39 unten links (Muffet), 64 oben links (John Tann), 64 unten links (Sylviane Moss), 64 unten rechts (Stochiomancy)

www.pixelio.de: 6 (Helene Souza), 22 (Thommy Weiss), 70 (Wolf & Marg), 86 (Motograf), 91 (Motograf), 99 (Lisa Schwarz), 108 (Gabriele Planthaber/Petra Bork), 109 (Grace Winter), 113 (Joujou), 114 (Joujou), 119 (Rainer Sturm), 125 (Anita Winkler), 128 (Joujou), 129 (Benjamin Thorn), 138 (Maren Beßler), 140 (Maren Beßler), 144 (W.R. Wagner), 145 ff. (berwis), 153 (Angelika Ströbel), 157 Hintergrund (W.R. Wagner), 161 (Joujou), 169 (Dieter Schütz), 173 (jenaFoto24.de), 177 (Joujou), 191 (Joujou)

Register